Staats- und socialwissenschaftliche Forschungen

herausgegeben

von

Gustav Schmoller.

Fünfzehnter Band. Drittes Heft.

(Der ganzen Reihe sechsundsechzigstes Heft.)

A. Doren, Entwicklung und Organisation der Florentiner Zünfte im 13. und 14. Jahrhundert.

Leipzig,
Verlag von Duncker & Humblot.
1897.

Entwicklung und Organisation

der

Florentiner Zünfte

im 13. und 14. Jahrhundert.

Von

Alfred Doren.

Leipzig,
Verlag von Duncker & Humblot.
1897.

Meinem verehrten Freunde und liebenswürdigen
Berater

Herrn Alceste Giorgietti

in Florenz

in Dankbarkeit gewidmet.

Inhaltsverzeichnis.

Es ist meine Absicht in breiterer Darstellung einen Überblick über die wirtschaftlichen und socialen Zustände der Florentiner Republik, im wesentlichen von der „magna charta“ des Jahres 1293 bis zur entscheidenden Festsetzung der mediceischen Suprematie, etwa um die Mitte des 15. Jahrhunderts, zu geben. Für frühere Zeiten ist die Ausbeute aus den Schriftstellern nur sehr gering; von den Urkunden ist viel wertvolles in Bränden und Überschwemmungen zu Grunde gegangen. — So wird uns die Kenntnis der inneren Bedingungen für Werden und Wachsen der Stadt bis zu der dominierenden Gröfse, die sie zu Dantes Zeiten einnimmt, immer nur — wenn ich so sagen darf — durch Rückschlüsse von den Wirkungen auf die möglichen Ursachen vermittelt werden [1], während aus den unmittelbaren Quellen nur hie und da fragmentarische Kunde zu schöpfen ist. Was unermüdlicher Forschungseifer, scharfsinnige Kombination, rege durch streng wissenschaftlich-kritisches Denken gezügelte Phantasie für die ältesten Zeiten an sicher Erforschbarem zu erreichen vermochte, das ist in jüngster Zeit in dem grofs angelegten Werke eines deutschen Gelehrten niedergelegt worden [2]: aber auch darnach wird dem, der in die Tiefe zu dringen versucht und in dem stillen Werden wirtschaftlichen Lebens den Grundlagen für den höheren politischen und geistigen Werdegang eines Volkes nachspürt, eine — für immer — unausfüllbare Lücke bleiben [3].

[1] Dies in geistvoller, wenn auch vielfach nicht bis zum Grunde dringender Weise gethan zu haben, ist das Verdienst des Buches von Toniolo: Dei remoti fattori della potenza economica di Firenze nel medio evo. Einige treffliche Bemerkungen auch bei Hartwig: Ein Menschenalter Florentiner Geschichte (Deutsche Zeitschrift für Geschichtswissenschaft I, 22 ff.).

[2] Rob. Davidsohn: Geschichte von Florenz. Bd. I. 1896.

[3] Die folgenden Erörterungen waren im wesentlichen niedergeschrieben, als Davidsohns Buch erschien. Soweit dasselbe in Betracht kam — es handelt sich um das erste Kapitel vorliegender Arbeit — ist auf Grund seiner Darstellung eine nochmalige Revision meiner Resultate vorgenommen worden, und ich gestehe gerne, dafs manche der Dunkelheiten, in welche die älteste Geschichte der Florentiner Zünfte bisher gehüllt war, durch sein Buch gelichtet wurde. — Einige Berichtigungen und Ergänzungen glaubte ich auch den Davidsohnschen Nachweisen gegenüber beibringen zu können, und würde mich herzlich freuen, wenn ich dazu seine Zustimmung fände.

Mit dem Ende des 13. Jahrhunderts wird das anders. Wo früher der Mangel an Material nur vorsichtig tastende Schlüsse zuliefs, droht jetzt fast die Überfülle desselben zu erdrücken. Die Zünfte sind organisiert und der Verfassung eingefügt, als wesentliche Träger des politischen Organismus; dieser selbst ist für lange Zeit in feste, nur in Einzelheiten veränderte Formen gefügt[1]. — Die schreibselige Zeit drängt zu immer erneuter Kodifizierung des geltenden Rechts; Ratsprovisionen und Zunftbeschlüsse häufen sich in unübersehbaren Foliobänden auf; Briefe und Memoiren, Geschäftsbücher der Kaufleute und novellistische Darstellungen der ersten italienischen Prosaisten gewähren nach allen Seiten Einblicke in intimere Details des privaten und beruflichen Daseins. Im Steuerwesen herrscht genaueste Buchführung; Steuersubjekte und Steuersoll, später auch das Einkommen, nach den einzelnen Quellen gesondert, werden in Namen und Zahlen verzeichnet; Gewerbe und Alter des Steuerträgers, Zahl, Alter, Beruf seiner Familienangehörigen von der Steuerbehörde festgestellt. Die Finanzverwaltung führt Buch über Einnahme und Ausgabe der Kommune, die Zollbehörde über die passierenden Waren und die Zollbeträge. Überall herrscht das Schema vor: Die Selbsteinschätzungen der Bürger werden von einer Zunft wohlgebildeter Schreiber in bestimmter, genau vorgeschriebener Form zwiefach, für das Katasteramt und die Verwaltung der Staatsschulden, kopiert: alle drei Exemplare sind uns für eine Reihe von Jahren erhalten.

Dies ungeheure, nach jeder Richtung hin interessante Material — kann man doch auch auf diesen Gebieten Florenz als die Wiege der modernen Kultur betrachten, — ist nun nach kaum einer bisher systematisch ausgebeutet worden. Nur Poehlmanns treffliches Buch[2] hat von dem ihm durch seine Aufgabe vorgeschriebenen Standpunkt aus konsequent die ungedruckten Zunfturkunden herangezogen[3]; Perrens[4] benutzt

---

[1] Dem widerspricht nur scheinbar die oft besprochene und beklagte, durch Dantes klassische Worte festgelegte Wandelbarkeit der Florentiner Verfassung; an den Grundlagen derselben (Zunftregiment, Prioren, Gonfaloniere, Capitano und Podestà, Organisation der einzelnen gonfaloni etc.) hat man kaum gerüttelt.

[2] Poehlmann: Die Wirthschaftspolitik der Florentiner Renaissance und das Prinzip der Verkehrsfreiheit.

[3] Einen sehr dankenswerten Überblick über wichtige Bestände des Florentiner Archivs giebt Lastig, Quellen und Entwicklungswege des Handelsrechts S. 348—400; darunter über die Statuten der 5 grofsen Handelszünfte S. 362—370. Er selbst stützt sich hauptsächlich auf die Statuten der Wechslerzunft (S. 404—412), während bis dahin in der handelsrechtlichen Litteratur nur die gedruckten Statuten der Calimala benutzt wurden. — Noch ganz unausgebeutet, auch nach dieser Richtung, sind die Urkunden der arte della lana, die besonders über die Organisation des kaufmännischen Kredits wichtige Aufschlüsse geben.

[4] Perrens: Histoire de Florence, nur mit gröfster Vorsicht zu benutzen.

nur hie und da, und leider wie immer unkritisch, was ihm gerade in die Hände fällt. Eine Geschichte des Florentiner Handels existiert nur dem Namen nach, da das Buch Peruzzis [1], das den stolzen Titel führt, auf wissenschaftlichen Wert keinerlei Anspruch machen kann. Noch immer ist man auf des alten Pagnini [2] für seine Zeit treffliches Werk und auf einige Specialarbeiten [3] angewiesen. Eine Geschichte des Steuerwesens, von einem hervorragenden Staatsmann in vielversprechender Weise begonnen [4], ist leider Torso geblieben; und eine Fortführung oder Umarbeitung dieses Werkes würde heute neben der mehr formalen Seite der Steuertechnik auf die durch die Steuergesetzgebung und die Steuerbücher zu gewinnenden Einblicke in die wirtschaftliche und sociale Gliederung der Bevölkerung Wert zu legen haben.

Vor allem aber bleibt die Geschichte derjenigen Institution noch zu schreiben, die recht eigentlich dem Florentiner Verfassungsleben im 14. und 15. Jahrhundert den Stempel ihrer Eigenart aufgeprägt hat: ich meine das Florentiner Zunftwesen. Zwar ist es eines der gröfsten Verdienste der, trotz mancher Ungenauigkeiten im einzelnen, im ganzen vorzüglichen Untersuchungen Villaris, auf die Bedeutung der Zünfte für die innere Entwicklung des Gemeinwesens im 13. Jahrhundert zuerst mit aller Energie hingewiesen zu haben: indem das Gefüge ihrer Organisation der Bevölkerung auch im bewegten politischen Leben eine innerlich gefestigte Stütze gab, konnten die unendlichen Wirren des heroischen Zeitalters, wie das Chaos der auf- und abwogenden Parteikämpfe innerhalb des Bürgerstandes ohne tiefgreifende Störung des Volksorganismus vorübergehen. Von diesem Standpunkte aus wurde man wohl der Bedeutung der Zünfte vor allem für die innere politische Entwicklung der Stadt gerecht [5], man erkannte in ihnen konstitutive Faktoren derselben an; aber man vergafs darüber zu untersuchen, dafs sie selbst wieder Produkte der Entwicklung waren; man beschränkte sich darauf, gleichsam ihre

---

[1] Peruzzi: Storia del commercio e dei banchieri di Firenze.

[2] Pagnini: Della decima e delle altre gravezze dei Fiorentini, erschienen 1765.

[3] Heyd: Histoire du commerce du Levant; Berti: Documenti riguardanti il commercio dei Fiorentini in Francia (Giorn. stor. Arch. tosc. Vol. I). Müller: Documenti sulle relazioni delle città toscane coll' Oriente cristiano. Canestrini: Intorno alle relazioni commerciali dei Fiorentini coi Portoghesi (Arch. stor. Ital. append. vol. III). Zobi: Ricordi sulle relazioni commerciali dei Fiorentini cogli Spagnuoli etc.

[4] Canestrini: La scienza e l'arte di Stato, Florenz 1862. Bd. I handelt von den direkten Steuern (Estimo, Catasto, Decima); der folgende Band, der das Staatsschuldenwesen behandeln sollte, ist nie erschienen.

[5] Auch hierzu vergl. die verschiedenen trefflichen Arbeiten Hartwigs; aufser der genannten noch Deutsche Zeitschr. für Geschichtswissenschaft II, 38—96; V, 70—120 und 241—300. I principii della città di Firenze (Nuova Rivista Internazionale Bd. I).

Wirkungen nach aufsen hin festzustellen und legte weniger Wert auf die Bedingungen, die den Grund zu ihrer eignen Macht und Gröfse bildeten. Dabei hielt man sich an die beiden einzigen bisher gedruckten Florentiner Zunftstatuten[1], die beide der gleichen Zunft und etwa der gleichen Epoche angehören; und in willkürlicher Verallgemeinerung[2] glaubte man in ihnen typische, allgemeingültige Formen des Florentiner Zunftlebens erkennen zu müssen. Hier also gilt es einzusetzen, durch Heranziehung der ungeheuren noch ungehobenen Schätze des Florentiner Zunftarchivs vor allem die Bedeutung und das Wesen der Zünfte von innen heraus zu erfassen, die Komponenten ihrer Verfassung im einzelnen darzulegen, in ihren Wechselbeziehungen zu schildern.

Drei Momente waren es vor allem, die bei der Befolgung dieses Planes der Aufmerksamkeit wert erschienen. Zunächst die wirtschaftlichen Fundamente des Zunftwesens, Umfang und Bedeutung der wichtigsten Produktions- und Erwerbszweige, die im Wirtschaftsleben der Stadt eine Rolle spielten. Damit in engstem Zusammenhang die einzelnen socialen Elemente und ihre Beziehungen zu einander, wie sie durch Momente der Produktionsformen, des natürlichen Bevölkerungsaufbaus, der Siedelungs- und Wanderungsgeschichte, endlich auch der Verfassungs- und Rechtsformen, der inneren wie der äufseren politischen Geschichte bedingt sind. Drittens endlich die Gestaltungen der äufseren Organisation, in denen doch wieder die beiden zuerst genannten Faktoren ihren charakteristischen Ausdruck fanden.

Bei der ungeheuren Fülle des Materials war einem Einzelnen die Darlegung der beiden ersten Bedingungen, zu der vor allem die historisch-statistische Methode die Möglichkeit bot, nur durch Gewinnung mehrerer Querschnitte in bestimmten Zeitmomenten möglich: in erster Linie wurde dazu der Kataster des Jahres 1427, in zweiter die weniger genauen Angaben des „Estimo“ von 1351, und der Volkszählungen von 1552 und 1561 benutzt.

Im folgenden soll nun zunächst die dritte Aufgabe in Angriff genommen werden. Dafs dieser Teil der ganzen Arbeit zuerst erscheint, hat in einer doppelten Rücksicht seinen Grund: Die Durcharbeitung des gesamten statistischen Urmaterials verlangt mehr Mühewaltung und Zeit, als ich ihr bisher habe widmen können. Dann aber sollte durch die folgenden Einzeluntersuchungen eine Reihe nicht eben leicht zu entscheidender Fragen der Zunftgeschichte erörtert, damit für eine mehr zu-

---

[1] Filippi: L'arte dei mercanti di Callimala ed il suo più antico statuto; ein späteres Statut war schon früher veröffentlicht von Emiliani-Giudici: Storia dei municipi Italiani Vol. III.

[2] So vor allem Perrens: Hist. de Florence III, 222, dagegen schon Lastig a. a. O. S. 234.

sammenhängende Darstellung der Boden geebnet werden. Denn so wenig die innere Verkettung der einzelnen bedingenden Momente verkannt werden soll, so mufs doch betont werden, dafs zunächst nur eine isolierte Betrachtung der einzelnen Reihen die Bedeutung jeder derselben in das richtige Licht setzen, aus sich heraus verständlich machen kann: erst einer zusammenfassenden Darstellung kann es dann vorbehalten bleiben, am Schlusse ein Bild des gesamten, wirtschaftlichen und socialen Lebens des damaligen Florenz in der ganzen Fülle der historischen Konkretheit, so weit es bescheidenen Kräften möglich ist, zu entwerfen, die Einzeluntersuchungen wie in einen Brennpunkt zusammenfliefsen zu lassen.

Was das zu vorliegender Arbeit benutzte ungedruckte Material anlangt, so entstammt es mit ganz geringen Ausnahmen dem Florentiner Staatsarchiv[1]. Die Zunfturkunden, insbesondere die Statuten, die sicher auch nach 1293 nicht vollzählig, aber doch in grofser Zahl und zum gröfsten Teil auch gut erhalten und zuverlässig katalogisiert sind[2], boten natürlich für meine Zwecke die gröfste Ausbeute. Daneben konnte ich hauptsächlich aus den Ratsbeschlüssen (Provigioni del Consiglio Maggiore, citiert Prov.), den Stadtstatuten, endlich einem Teil der Akten des Handelstribunals (Deliberazioni della Corte di Mercanzia) mannigfach willkommene Ergänzungen schöpfen.

Zum Schlusse sei es mir gestattet, den Herren des Florentiner Archivs, die dem Fremden, anfangs der Landessprache wenig Mächtigen, stets bereite Hilfe zu teil werden liefsen, vor allem Herrn Alceste Giorgietti, dessen nimmer ruhende Liebenswürdigkeit mir über viele Schwierigkeiten hinweghalf, an dieser Stelle herzlichen Dank zu sagen.

---

[1] Es ist kaum ein Zweifel, dafs sich verstreut auch in andern Archiven noch manche Urkunde zur Florentiner Zunftgeschichte finden liefse, wie denn z. B. Rodocanacchi für sein grofses Werk: Les corporations ouvrières à Rome mit Erfolg die Archive von London, Paris etc. durchsucht hat.

[2] Ich citiere nach diesem Katalog. — Vor nun fast 20 Jahren hat Poehlmann schon den Wunsch ausgesprochen, dafs diese Statuten publiziert werden möchten, wie es z. B. in musterhafter Weise schon in den 50er Jahren mit den Pisaner Statuten durch Bonaini geschehen ist. Bis heute ist es aber bei dem frommen Wunsche geblieben, wie auch eine kritische Ausgabe der Stadtstatuten von 1321/24 resp. 1355 noch aussteht; und da auch die Accademia della Crusca nach wie vor an diesem Material, das mit die ältesten Denkmäler der Vulgärsprache in sich birgt, kühl und stolz vorübergeht, ist dem Forscher die Interpretation, besonders der technischen Ausdrücke, ungeheuer erschwert, manchmal fast unmöglich gemacht.

Erstes Kapitel.

Entwicklung der Florentiner Zünfte bis zum Erlafs der Ordinamenta justiciae im Jahre 1293[1].

Man hat in neuerer Zeit den Satz ausgesprochen, dafs der Handel sich früher als das Handwerk entwickle, dafs genossenschaftliche Organisationen, aus Vertretern des Handelsstandes zusammengesetzt, den gewerblichen Vereinigungen vorausgegangen seien. Aber auch die entgegengesetzte These hat ihre Vertreter gefunden: und beide Teile haben ihre Behauptungen sowohl durch exakt historischen Nachweis zu begründen, als auch aus dem Wesen beider Erwerbszweige deduktiv und entwicklungsgeschichtlich zu erklären versucht. — So generell und, wenn ich so sagen darf, aus dem Wesen beider Standesgruppen heraus, wird der Beweis schwerlich zu führen sein: kommt es doch vor allem darauf an, wie die Entwicklung von Handel und Handwerk sich unter den verschiedenen örtlichen und zeitlichen Bedingungen gestaltet hat. Was Italien betrifft, so kann man es als erwiesen betrachten, dafs an den grofsen Brennpunkten städtischen Lebens der Kaufmannsstand zuerst unter den rein bürgerlichen Elementen in das Licht der Geschichte tritt, dafs er die Führung im Emancipationskampf gegen die Vertreter einer ländlich feudalen Kulturepoche übernimmt und am frühesten genossenschaftlich organisiert erscheint[2]. Wie dies gekommen, ist hier nicht näher zu untersuchen;

[1] Dies erste Kapitel, das nur die Grundlage für das Verständnis der zünftlerischen Entwicklung nach 1293 liefern will, beruht fast ausschliefslich auf gedrucktem Material und der neueren Litteratur. Urkundliche Forschung wird vielleicht auch hier manche der einstweilen nicht mit Sicherheit zu entscheidenden Fragen ihrer Lösung zuführen.

[2] Das erste Auftreten der consules mercatorum in den einzelnen Städten zusammengestellt bei Schaube, Das Konsulat des Meeres in Pisa. Vgl. auch Lattes: Il diritto commerciale S. 23 ff.; Pertile: Storia del diritto II, 190 ff.; Goldschmidt: Universalgeschichte des Handelsrechts I, 153 ff.

genug, wenn auch Florenz keine Ausnahme von der normalen Entwicklung darstellt. —

Bereits zu Beginn des 12. Jahrhunderts mufs der Florentiner Handel, insbesondere der Handel mit französischem Wollentuch schon einen hohen Stand der Blüte erreicht haben [1], während auf eine Eigenproduktion von Wollenwaren in Florenz kaum dürftige Spuren hindeuten. — Die genossenschaftliche Organisation des Kaufmannsstandes aber war in der zweiten Hälfte des gleichen Jahrhunderts vollendet [2]: seine consules erscheinen zuerst im Jahre 1182 in einer Urkunde, die den Huldigungseid des unterworfenen Empoli enthält [3]; seitdem kommt kaum ein wichtiger Vertrag der Stadt, kaum eine Verhandlung über Handelserleichterungen oder Repressalien ohne ihre Mitwirkung zu stande. Während sie anfangs den gesamten Kaufmannsstand [4] vertraten, hat sich zu Beginn des 13. Jahrhunderts (wahrscheinlich 1202) eine eigene Korporation der Wechsler gebildet; und mit der fortschreitenden Intensifizierung des Betriebs, der damit verbundenen regeren Arbeitsteilung haben sich dann vor 1218 die „Leute vom Marienthore“ [5] — damals noch Detailhändler mit fremdem, meist italienischem Tuch, — und die mercatores communes [6], die Krämer, von dem grofsen Gesamtverbande der Kaufleute losgelöst.

Kurze Zeit, nachdem so die Kaufleute Teil am öffentlichen Leben der Stadt, an der Beratung der Stadtbehörden zu nehmen begonnen hatten, tritt auch das gewerbliche Element der Florentiner Bevölkerung zum ersten Male aus dem Dunkel rein privater Existenz: und es darf als bedeutsam gelten und

---

[1] Davidsohn I. 790.

[2] Nach einer unkontrollierbaren Notiz bei Giov. Villani (I, 60) soll die Leitung des Baus von S. Giovanni schon um die Mitte des 12. Jahrhunderts in den Händen der Konsuln der Calimalazunft gelegen haben, wie sie auch später die Aufsicht darüber behielten.

[3] Santini: Documenti dell' antica costituzionedel Comune di Firenze S. 18. Diese höchst dankenswerte Edition hat zum ersten Male — vor allem auch durch ihre, leider nicht immer zuverlässigen, Indices — weit zerstreutes Urkundenmaterial bequemer Benutzung zugänglich gemacht.

[4] Die Kaufleute nannten sich schon damals nach der Gasse, in der der Handel mit französischem Tuch seinen Mittelpunkt hatte, mercatores de Callimala.

[5] Santini S. 191 und dann öfters. Dafs diese Zunft, die einzige, von der aus so früher Zeit Matrikeln erhalten sind, damals nicht eigentlich als Seidenzunft bezeichnet werden darf, indem die Meister der Seidenindustrie damals höchstens ganz vereinzelt in ihr vertreten waren und sich erst später selbständig organisierten, wird weiter unten S. 62 ff. gezeigt werden. Auch Davidsohn scheint (S. 793) Arte di Por. S. Maria und Arte di Seta von Anfang an zu identifizieren. Die Konsuln von Por. S. Maria nahmen nicht als Vertreter der Seidenindustriellen, sondern als die der „Gewandschneider“ an den Ratssitzungen teil.

[6] Diese dürfen wir wohl ohne weiteres mit den späteren merciai, die anfangs nachweislich eine eigene Zunft bildeten (vgl. unter S. 52 f.) identifizieren. Santini S. 218, 410.

ist mit Recht als ein Vorleuchten der späteren Entwicklung aufgefafst worden, dafs dieses erste nachweisbare Auftreten der Handwerkerklasse gleich einen vollen politischen Erfolg bedeutete. — Davidsohn [1] hat den überzeugenden Nachweis geführt, dafs diese erste demokratische Bewegung im engsten Zusammenhange steht mit einer Umwälzung in der Verfassung der Stadt, welche ihrerseits wieder einen Stellungswechsel der Kommune in dem grofsen Kampfe zwischen Kaisertum und Papsttum ins Leben ruft. Die kaiserliche Partei kam für kurze Zeit in der sonst stets gut welfischen und päpstlichen Stadt ans Ruder: an der Stelle der kaufmännischen Geschlechter-aristokratie sehen wir im Jahre 1193 an der Seite des Podestà und seiner Räte einen Beirat von 7 Männern den Vertrag mit dem kleinen Trebbio abschliefsen, die sich in der einzigen uns erhaltenen Urkunde als „7 rectores, qui sunt super capitibus artium“ bezeichnen. Es kann sich meiner Meinung nach hier, — um zunächst bei der wörtlichen Deutung des Ausdrucks stehen zu bleiben, — nicht um eine Behörde handeln, die sich aus den Einzelvorständen von 7 einzelnen Zünften zusammensetzte; nicht darum, dafs die Häupter der 7 Hauptzünfte der Stadt zu jenem Zwecke des Vertragsschlusses zusammenberufen waren, dafs jeder nur Vollmacht für die Zunft hatte, die er vertrat; vielmehr läfst der Ausdruck „supra capitibus“ keine andere Erklärung zu, als dafs damit eine über die Vorstände der einzelnen Zünfte (capita artium) sich erhebende Gesamtbehörde gemeint sei. Mit andern Worten: die Handwerkerzünfte haben nicht als solche, als Einzelkörper jenen ersten bedeutsamen Sieg errungen, sondern als ein Verband, an dessen Spitze eben jene 7 rectores, von denen die Urkunde redet, sich befinden [2]. — Nirgends ist, auch in späterer Zeit, in Florenz eine Leitung der einzelnen gewerblichen und kaufmännischen Korporationen durch einen einzelnen Vorsteher bezeugt [3]; vielmehr ist es eine durchgehende Erscheinung, dafs in den aus mehreren Personen sich zusammensetzenden Zunftvorständen, wie bei andern Behörden der Republik, periodisch wechselnd die ein-

[1] A. a. O. S. 599. Vielleicht überschätzt D. doch etwas die Bedeutung dieses Vorgangs, wenn er meint, dafs damals „der Boden für die glänzende Entwicklung des Volkstums“ geschaffen wurde. Die Gröfse Florenz', wie sie sich im 13. und 14. Jahrhundert entwickelte, wird doch in erster Linie jener Bevölkerungsschicht verdankt, die durch die consules mercatorum vertreten wurde.

[2] Diese Ansicht hat schon im vorigen Jahrhundert Cantini (Saggi storici di antichità toscane III, 95 f.) geäufsert, ohne dafs man ihm darin gefolgt wäre.

[3] Davidsohn a. a. O. meint, dafs die mächtige Zunft der mercatores zwei Leiter, jede einzelne ars dagegen nur einen Einzigen an der Spitze hatte; auch das erstere ist nachweislich ein Irrtum. Es werden z. B. 1216 (Santini S. 179 ff.) 3 Konsuln, 1228 (S. 391), sogar 4 Konsuln ge-

zelnen Kollegen als oberste Leiter an die Spitze treten [1]. Dafs auch in so früher Zeit schon der gleiche Usus bestanden hat, geht deutlich aus einer Urkunde des Jahres 1212 hervor, der einzigen zugleich, die uns auch in die innere Verfassung einer Zunft während der ersten Periode ihres Bestehens Einblick gewährt. Zwei neu in die Wollenzunft eintretende Mitglieder schwören damals den 7 namentlich genannten „Rektoren oder Prioren derselben", gewisse Edikte über verbotenes Rohmaterial zu befolgen; der erstgenannte Rektor wird dann am Schlusse als „oberster Prior" bezeichnet [2]. Wir haben keinen Grund, daran zu zweifeln, dafs auch in den übrigen Zünften eine ähnliche Form der Organisation, wechselnde Oberleitung in einem mehrköpfigen Vorstand, existiert hat. Ob aber jene oberste Gesamtbehörde, die die Handwerkerzunft 1193 vertrat, sich aus diesen periodisch wechselnden Leitern der Einzelzünfte zusammensetzte, ob sie von ihnen oder aus ihrer Mitte gewählt wurden, darüber läfst sich aus dem dürftigen Florentiner Material wohl keine Gewifsheit gewinnen.

Wir dürfen es daher wohl als einen glücklichen Zufall betrachten, dafs eine Organisation der gewerblichen Zünfte, die sich hier nur aus trümmerhaften Resten der Überlieferung mühsam rekonstruieren läfst, in der Nachbarstadt Pisa sich in wenig veränderter Form bis in Zeiten hinein erhalten hat, in denen eine reicher fliefsende Tradition uns deutlichere Einblicke in die wesentlichen Elemente derselben zu thun gestattet. Hier nämlich finden wir — seit den 60. Jahren des

---

nannt. — Die späteren ufficiali der grofsen Handelszünfte sind Exekutivbeamten der Konsuln, die immer als der eigentliche Zunftvorstand gelten, sind sicher eine Institution späterer Zeit und finden sich nur bei den grofsen Handelsgilden.

[1] Auch die mercatores machen hiervon keine Ausnahme. Vgl. Santini S. 393: Urkunde v. 16. Juni 1228. Item ut abbas .... vocatis duobus aut tribus ex consulibus mercatorum Calismale aut qui prior esset eorum. Später ut dicti consules sive prior eorum, ex hiis tribus vel quatuor consulant. — Ebenso schon 1204 von den städtischen Konsuln (Santini S. 139): omnia ... que ... michi sub nomine sacramenti fecerint potestas Florentie vel consules eiusdem civitatis omnes vel maior pars vel priores aut prior eorum. Nach Davidsohn I 672 standen 2 Prioren als geschäftsführender Ausschufs an der Spitze der städtischen Konsuln.

[2] Urkunde vom 1. Juni 1212 (Santini p. 376) .... quod Davanzatus et Scorcia fratres filii olim Lungubardi de Burgo Sanctorum Apostolorum iuraverunt ad sancta dei evangelia preceptum et precepta omnia Cerkii et Gianni Mazocki et Christofani et Agradi de Formica et MicciaIdi et Renerii Andree et Giraldi de Burgo sancti Laurentii, rectores et tunc priores eorum sociorum de Arte de Lana, recipienti (sic!) pro se et omnibus eorum sociis, et pro omnibus aliis rectoribus futuris, quos pro aliquo tempore vocati erunt rectores de predicta Arte, in totum observabunt et facient, scilicet de stame filato de ea Arte devetato undecumque fuerit et evenerit aut de Lucca aut de aliis locis sine fraude; et tunc predictus Cerkius erat suprapriore omnibus aliis,

13. Jahrhunderts[1] — neben den 3 kaufmännischen „ordines", der curia maris (Seehandelsgilde), der curia mercatorum (Landhandelsgilde) und der damals schon durchaus hausindustriell organisierten, von Exportinteressen in ihrem Betriebe beherrschten Ars lanae, — die Handwerker- und Kleinhändlerzünfte, dazu die Zunft der Richter und Notare zu dem Bunde der „7 Artes" zusammengeschlossen. Die 7 Einzelzünfte[2] der Notare, Schmiede, Lederarbeiter[3], Wirte, Papierhändler, Kürschner und Weinhändler haben einen Bund geschlossen. Der Vorstand desselben wird gebildet durch zwei abwechselnd aus den einzelnen Zünften gewählte Oberleute (capitanei) und 7 Prioren, von denen jeder eine der Zünfte vertritt. Daneben stehen diese selbst unter eignen Konsuln und geniefsen in den inneren Angelegenheiten ihres Gewerbes eine weitgehende Autonomie.

Von derartigen „capitanei" als obersten Leitern einer Vereinigung von Zünften findet sich allerdings in Florenz keine Spur; den „priores 7 artium" in Pisa aber entsprechen aufs genaueste die 7 rectores super capitibus artium, später wie dort priores artium genannt, wenn man auch in der Übereinstimmung der Siebenzahl nur ein zufälliges Moment wird erblicken dürfen[4]. Welche Zünfte es nun gegen Ende des

---

[1] Bis zum Jahre 1267/68 waren es nur 4 Zünfte (ars lanae, notariorum, fabrorum, coriariorum). Damals nun trat die Ars lanae zu dem Bund der kaufmännischen Gilden über, mit denen sie von jetzt an die tres ordines bildet, während 4 weitere Zünfte in den Bund der gewerblichen Korporationen aufgenommen wurden und diese zu den 7 artes ergänzten. Vgl. darüber die treffliche Schrift von Schaube: Das Konsulat des Meeres in Pisa S. 44 f.

[2] Ihr „Breve" ediert bei Bonaini, Statuta inedita civitatis Pisanae. Vol. III, S. 1167–1194.

[3] Diese bildeten wieder einen eigenen Bund von 7 engeren Genossenschaften, der in ganz ähnlicher Weise wie der Hauptbund organisiert ist. Vgl. bei Bonaini l. c. breve 7 artium coriariorum.

[4] Zunftverbände, wie sie hier für Pisa erwiesen, sind in Italien eine sehr häufige Erscheinung; ja man kann in ihnen ein wesentliches Element der Gestaltung des italienischen Städtelebens im Mittelalter erblicken. So dürften sie wohl einmal einer eingehenden vergleichenden Betrachtung wert sein. Denn was Pertile (Storia del diritto italiano I, 201 ff.), Lattes (Il diritto commerciale negli statuti communali S. 23 f.) und nach ihnen Goldschmidt (Universalgeschichte des Handelsrechts V 157 ff.) über diese Erscheinung vorgebracht, bleibt doch zu sehr an der Oberfläche und wirft zu sehr kritiklos durcheinander, was entwicklungsgeschichtlich geschieden werden mufs, um zur Lösung der Frage etwas beizutragen. — Goldschmidt unterscheidet wenigstens solche, die auf uralte gildenähnliche Institutionen zurückgehen, von Schöpfungen späterer Art, während Lattes die Florentiner mercanzia des 14. Jahrhunderts, die nichts anderes war, als ein aus Mitgliedern der 5 grofsen Handelsgilden gebildetes Handelstribunal, zusammenwirft mit Gesamtinnungen, die einen viel weiteren Wirkungskreis hatten. Vor allem wird man die grofsen Handelsstädte von den unbedeutenderen Orten trennen müssen, deren Verkehr auf enge lokale Grenzen beschränkt war. In ersteren hat schon früh eine Scheidung grofskaufmännischer

12. Jahrhunderts in Florenz gegeben hat, welche von diesen in dem Bund der Artes vereinigt, durch die sieben Rektoren vertreten waren, darüber lassen sich kaum Vermutungen

---

und gewerblicher Elemente stattgefunden, und wenn dort später unter den Statuten der „mercanzia“, der kaufmännischen Gilde, sich auch Verordnungen für gewerbliche Arbeiter finden, so geschieht dies deshalb, weil diese Arbeiter Arbeitnehmer der kaufmännischen Verleger, hausindustriell beschäftigte Arbeiter der Tuchindustrie sind; oder weil der Bezug der Rohstoffe und Färbemittel dadurch in geordnete Bahnen gelenkt wird. Deshalb sind solche Bestimmungen nicht mit denen der Florentiner Mercanzia zu vergleichen, sondern mit denen der arte dei mercatori di calimala, d. h. der Importeure französischer Tuche, die dieselben in Florenz verfeinern liefsen und daher — ebenso wie die Lanazunft — für eine hausindustriell beschäftigte Arbeiterschaft Verordnungen erliefsen. Vgl. auch die Statuten des ordo mercatorum und der curia maris in Pisa (Bonaini l. c. Bd. III). So werden in Como 1281 zu den mercatores gerechnet und damit der Jurisdiktion der consules mercatorum unterstellt: illi qui sunt vel erunt de societate mercatorum civitatis Cumanae, et etiam draperii, testores tonditores et folatores (Monum. hist. patriae XVI, rubr. 25). In Brescia gehören, wie in Pisa (Pertile II, 1201 Anm. 79) auch die speziali zu den mercatores. In Siena werden noch 1212 (Rezzasco: Diz. storico del linguaggio italiano etc. Verb. Arte) die Pizzicanioli und Mercanti mit unter den Arti genannt, deren Rektoren mit zum Rat zugezogen werden; später hat sich eine Zweiteilung vollzogen; aber es ist bezeichnend dafür, dafs Siena nie im Grofshandel eine bedeutende Rolle spielen konnte, dafs hier die mercatores und pizzicanioli als die „2 mercanzie“ sich von den übrigen Zünften ablösen und mit umfassenderen verfassungsmäfsigen Vollmachten ausgerüstet sind — die Grofshändler neben den Kleinhändlern, während in den grofsen Centren des Handelsverkehrs diese letzteren stets zu den gewöhnlichen Zünften zählen. Die Arte della lana nimmt in Siena eine Mittelstellung ein (so nach dem Statut von Siena aus dem Jahre 1262, das jetzt in trefflicher Edition von Zdekauer vorliegt). In Bologna werden die Principali arti, zu denen hier mercadanti, cambisti und beccai rechnen, von Konsuln, die anderen arti von ministeriali regiert.

In kleineren Städten dagegen umfassen die „mercanzie“ sämtliche gewerbliche und kaufmännische Genossenschaften, wobei die Kaufleute häufig nicht einmal in erster Linie genannt sind. Merkwürdig ist die Entwicklung in Rom, wo schon im Jahre 1255 eine Mercanzia nachweisbar ist, aus 13 Einzelzünften bestehend. Von ihr trennen sich dann langsam eine Zunft nach der andern ab, um sich zu selbständigen Korporationen zu konstituieren, eigne Gerichtsbarkeit zu erringen. Zuletzt bleibt sie nur Mercatantia pannorum novorum (Rodocanacchi: Les corporations ouvrières à Rome S. XVI ff.). Rein politischer Art scheint die societas St. Stefani im Gegensatz zur societas communis in Vercellae (Mon. Hist. patr. XVI, 1383). Sie umfafst dort die calegarii, notarii, beccarii, mercatores panni, pelliparii, tabernarii, mezzanerii, fornarii. Reines Handelstribunal (wie die spätere Mercanzia in Florenz) scheint die unter 3 consules stehende Mercanzia in Brescia zu sein (Mon. Hist. Patriae XVI, 1737): Et intelligantur res pertinentes ad mercathendiam quae emuntur et venduntur non mutata specie seu forma. In Parma (Stat. Parm. 1245 in Mon. Hist. ad prov. Parmensem et Placentinam pertinentia I, 187) werden zwar eine lange Reihe von Berufszweigen aufgezählt, die zur mercanzia gehören; aber den Rektoren der Mercanzia steht auch über die Mitglieder der Mercanzia nur in Dingen, die Kauf und Verkauf betreffen, Gerichtsbarkeit zu. — Eine äufsern[1]. Mit Ausnahme der Wollenzunft, von der noch zu reden sein wird, wird in Florentiner Urkunden keine einzige gewerbliche Zunft namentlich genannt. Gelegentlich erfahren wir — aus einem Dokument Pisaner Herkunft[2] —, dafs die Frachtfuhrleute von Florenz unter Rektoren vereinigt sind, und dafs sie mit den Vertretern des gleichen Gewerbes in Pisa, Siena, Lucca und Bologna einen weiteren Bund bilden; der einzige Schlufs aber, der aus dieser Erwähnung gezogen werden kann, ist der auf die Existenz vieler kleiner Vereinigungen von Berufsgenossen, die aber schwerlich damals schon alle zu öffentlich rechtlicher Anerkennung, zur Vertretung in den Gemeinde- und Staatsangelegenheiten gelangt waren.

Müssen wir so darauf verzichten uns über die innere Zusammensetzung des Florentiner Zunftbundes Klarheit zu schaffen, so läfst sich auch wenig nur zur äufseren Geschichte desselben während der folgenden 70 Jahre anführen. — Es war natürlich, dafs der Sieg, den die Florentiner Handwerkerschaft im Jahre 1193 errungen hatte — waren doch ihre Vorstände sogar verpflichtet, für die Aufnahme des Vertrags mit Trebbio in die Stadtstatuten Sorge zu tragen —, ihr nicht dauernd eine herrschende Stellung im inneren politischen Leben der Stadt zu erringen imstande war, dafs mit der bald folgenden Änderung der politischen Konstellation auch die an Zahl zwar geringere, aber social und wirtschaftlich herrschende Kaufmannschaft wieder ans Ruder kam. — Die Rückkehr zur päpstlichen Welfenpartei, die Gründung des tuszischen Bundes erfolgten schon in den nächsten Jahren; dennoch aber scheint es, als ob die gewerblichen Elemente noch eine Zeit lang wenigstens sich eine gleichberechtigte Stellung neben den Kaufleuten zu bewahren vermocht hätten; als ob die Wandlung, die diesen wieder ihr natürliches Übergewicht auch in der Verfassung der Stadt zurückgab, mehr durch einen natürlichen Prozefs, als durch positive Mafsregeln allmählich erfolgt sei. — Noch 1184[3] war ein Handelsvertrag mit Lucca nur

---

nähere Erörterung dieses hier nur gestreiften Gegenstandes würde wohl auch auf die provinziellen Verschiedenheiten Gewicht zu legen haben.

[1] Wenn Davidsohn aus der Häufigkeit des Vorkommens einzelner Handwerker in den Urkunden auf die Existenz der betreffenden Zunft schliefsen will, so scheint mir das in Anbetracht der Lückenhaftigkeit und Zufälligkeit des erhaltenen Materials nicht anzugehen. Aufserdem kommt neben der Zahl der Vertreter sicher auch die Betriebsform in Betracht zur Entscheidung der Frage, ob das betreffende Gewerbe schon damals organisiert war. —

[2] Bonaini, l. c. III, 1163: Rectores et capitanei vecturalium de Florentia et de comitatu et eius districtu, ebenso diejenigen von Siena, Lucca, Bologna und Pisa gewähren dem Albertus Bulsi das Recht von jedem Wagen gewisse Zölle zu erheben. Sie wählen einen pensator zum Wägen der passierenden Waren.

[3] Santini I, 21.

unter Assistenz der Konsuln der Kaufmannschaft abgeschlossen worden: jetzt werden im Jahre 1202[1] im Vertrag mit S. Gimignano neben den Konsuln der Ritter und der Kaufleute auch die Priores artium[2] mit hinzugezogen, um einen Termin zu bestimmen, bis zu dem das Kastell Bagnolo von den Gimignanesen verlassen sein mufs. — Und noch deutlicher wird die Gleichstellung beider Bevölkerungsklassen durch eine Urkunde des Jahres 1204, durch welche Tiniosus de Lamberto Vollmacht erhält die Kommune in verschiedenen Prozessen vor der päpstlichen Kurie zu vertreten[3]. Unter den Auftraggebern erscheinen neben 10 Konsuln der Kommune, einem Konsul „der Gerechtigkeitspflege[4], zweien der Ritter und einem Senator auch drei „Prioren der Kaufleute und Zünfte", von denen der eine sich in dem gleichen Jahre als Konsul der Kaufleute nachweisen läfst. Bereits aber hatten sich, wie wir sahen[5], im Jahre 1202 die Wechsler zu einer eigenen Korporation zusammen geschlossen; und indem dieser Prozefs der Bildung neuer kaufmännischer Specialgenossenschaften in den nächsten Jahrzehnten sich fortsetzte, indem die Vertreter dieser Neubildungen ebenso wie die der alten Stammzunft zu wichtigen Beratungen der Stadtbehörden mit hinzugezogen wurden, kam schon durch das numerische Übergewicht derselben die Bedeutung der Bevölkerungsschicht, die sie vertraten, in öffentlichen Dingen zum Ausdruck[6]; jede einzelne kaufmännische Gilde ist dadurch an öffentlich-rechtlicher Geltung der gesamten politisch vertretenen Handwerkerschaft gleichgestellt.

Ein anderes kam hinzu. — Die Arte della Lana, die die Vertreter der Eigenproduktion Florentiner Tuches umschlofs, mufs bereits um jene Zeit begonnen haben, den Grund

---

[1] Ibid. S. 74. In dem gleichen Jahre (ibid. S. 369) wird in einer andern Urkunde consilium „consulum mercatorum et militum et priorum omnium artium" erwähnt.

[2] Auf die Änderung des Titels „Prioren" statt der Rektoren möchte ich kein besonderes Gewicht legen, wie es Davidsohn (S. 667) thut. Das Wort „Priores" tritt einfach an die Stelle der umständlichen Bezeichnung „rectores supra capitibus".

[3] Santini S. 137: Latinus, Janbonus et Guadagnus priores mercatorum et artium. Latinus Galigai erscheint in einer Urkunde vom 29. Oktober 1204 als einer der Konsuln der Kaufleute, während die in der gleichen Urkunde genannten Priores Artium nicht mit denen vom 15. April gleichen Jahres übereinstimmen.

[4] Über diese vgl. Davidsohn I, 660 f.

[5] Vgl. oben S. 7.

[6] Die mercatores hatten damals 4 consules (vgl. oben S. 8 Anm. 3), die mercatores Por. S. Mariae 1225 gar 6 an ihrer Spitze (s. die Matrikeln dieser Zunft bei Santini S. 539 ff.). Schon diese beiden Zünfte waren also durch 10 Konsuln besser repräsentiert, als die artes durch 7 resp. später 6 Prioren; dazu kamen nun die Vertreter der cambiatores, hie und da der mercatores communes, endlich, wie wir sehen werden, der arte della lana.

zu der späteren dominierenden Gröfse zu legen[1]; kein Zweifel, dafs sie schon damals im Zunftverband das wirtschaftlich mächtigste Element repräsentierte. Sie tritt nun in der gleichen Zeit, in der sich die kleinen kaufmännischen Genossenschaften von der Muttergilde ablösen, mit gleichem Rechte wie diese in der Verwaltung des städtischen Wesens hervor. Ihre Rektoren nehmen, wie die Konsuln der Kaufmannsgilden, in ihrer Gesamtheit an den Beratungen der städtischen Behörden teil; sie selbst gehört nicht mehr zum Zunftverbande — sonst wäre sie wie die anderen Zünfte weiterhin durch die Prioren vertreten worden, — sondern bildet eine einzelne für sich handelnde und als Einzelkörper an der Staatsleitung beteiligte Genossenschaft[2]. — Und indem die Mitglieder derselben einmal als „mercatores" artis lanae bezeichnet werden, erhalten wir einen Einblick in die inneren Gründe, die jene Wandlung in der Stellung der Zunft im politischen Leben der Stadt hervorgerufen haben: Das Wollengewerbe entwächst in jener Zeit dem handwerksmäfsigen Kleinbetriebe, um fortan jene Formen hausindustrieller Arbeitsweise anzunehmen, die uns aus den späteren Zunftstatuten entgegentreten; an der Spitze der einzelnen gewerblichen Unternehmungen, als Leiter der Produktion und Organisator des Exports, für dessen Aufblühen wir schon aus jener Zeit manchen Beweis besitzen, erscheint der Kaufmann; aus Kaufleuten setzen sich die vollberechtigten Elemente der Zunft zusammen, während die gewerblichen Arbeiter in wirtschaftliche Abhängigkeit von dem in ihren Händen vereinigten Kapital geraten. Damit tritt die ehemals gewerbliche Zunft in die Reihe der kaufmännischen Korporationen, mit dem gleichen Rechte wie diese, und hilft so das Übergewicht des kaufmännischen Elements über die gewerbetreibende Bevölkerungsschicht verstärken[3].

---

[1] Der Nachweis dafür ist an anderer Stelle zu führen.

[2] Dafs sie ursprünglich zum Zunftverband gehörte, darauf läfst schon der Name „ars" (lanae) schliefsen, der damals nur für Handwerkerzünfte galt (worauf Davidsohn S. 667 hinweist), während er erst später auch auf die kaufmännischen Genossenschaften übertragen wurde. Auch werden die Vorstände der Wollenzunft in den Urkunden bald rectores, bald consules genannt, während für die Vertreter der Kaufmannsgilden sich stets nur die Bezeichnung „consules" findet.

[3] Ein indirekter Beweis für diesen Austritt der Lanazunft aus dem Zunftverband ist darin zu finden, dafs an den beiden Stellen, an denen uns sämtliche Zunftprioren in dieser Zeit genannt werden, es 6 sind an Stelle der 7 von 1193. 1234 übergeben die Städte Volterra und San Gimignano 3 Zunftprioren die Vollmacht in ihren Streitigkeiten zu entscheiden, die diese im Namen ihrer 3 Kollegen (darunter ein „Faber") ausüben. (Santini S. 410 ff.) 1244 (ibid. S. 482) heifst es: Nomina dictorum priorum (sc. artium) hec sunt: Jacobus Ottonelli, Bonfiliolus Baldecte et Bonaccursus Capannesi et dominus Henricus de Cascia iudex et Alioctus Sodi et Compagnus Coiami. — Über den analogen Vorgang — bertritt der Lanazunft zu den Kaufmannsgilden — in Pisa s. Schaube a. a. O. S. 44.

Täuscht nicht alles, so war ein Zunftverband der gewerblichen Zünfte neben Einzelgilden der kaufmännischen Elemente die Form der Zunftverfassung, wie sie sich, soweit wir sehen können, bis zu der entscheidenden Änderung des Jahres 1266, erhalten hat. Bei den wichtigsten Entscheidungen der äufseren Politik, besonders bei den Beratungen über Handelsverträge, der Unterwerfung ländlicher Kommunen, der Entscheidung über Zwistigkeiten zwischen verfeindeten Städten, die den Schiedsspruch der florentinischen Republik anrufen, werden neben den Konsuln der Ritter und der seit 1229 auftauchenden Richter und Notare[1], die Vertreter der 4 kaufmännischen Gilden, zu denen jetzt auch die Wollenzunft rechnet, wie die Arteprioren[2] herangezogen; die Voruntersuchungen, hie und da auch die Entscheidung weniger wichtiger Dinge, werden wohl den Vorständen der einen oder andern Gilde, oder auch den Zunftprioren überlassen[3].

Merkwürdig ist es nun, dafs die Konstitution des „Primo popolo“, die im Jahre 1250 ins Leben trat, die Zünfte noch nicht zum Neubau der Florentiner Verfassung benutzt hat: vielmehr sind die Organisationen, die damals zuerst politisch hervortraten, durchaus lokaler Natur, Nachbarschaftsverbände, die militärisch organisiert, sich allerdings auch später neben der auf ähnlichen Grundlagen beruhenden Zunftverfassung er-

---

[1] Zuerst erwähnt 1229 (Santini S. 215). Dafs, wie Ozanam (Hist. littéraire d'Italie S. 63) annimmt, schon im Jahre 1142 ein collegium notariorum in Florenz bestanden habe, ist durch nichts bewiesen. In der betreffenden Urkunde heifst es nur: Henricus, unus ex Florentina advocatione causidicus.

[2] Statt des Ausdrucks „Priores“ findet sich seit 1234 auch „capitudines“ artium. Dafs das Wort damals noch mit priores identisch, beweist eine Reihe von Urkunden aus den Jahren 1234/36 in dem Streit zwischen San Gimignano und Volterra, in dem bald die capitudines, bald die priores artium genannt werden (Santini S. 412 ff.). Einmal 1244 (S. 482) findet sich capitudines et priores. Dann aber werden in derselben Urkunde nur die Namen der (6) Prioren genannt. 1250 (Cantini: Saggi storici I, 105) findet sich der Ausdruck consules iudicum, mercatorum, campsorum et Porte S. Marie, et rectores artis lane et omnes alie capitudines: damals also begann man auch die Vorstände der kaufmännischen Genossenschaften als capitudines arcium zu bezeichnen. Über die weitere Entwicklung des Begriffs capitudo vgl. unten S. 20.

[3] So z. B. wurden 1234 zunächst die Priores artium mit dem Schiedsspruch zwischen S. Gimignano und Volterra betraut, und erst als gegen diesen appelliert wurde, greifen auch die consules mercatorum u. s. w. ein. Ebenso Zdekauer: Statutum Pist. S. XXIII . . . consilium generale et spetiale tam vetus quam novum et capitudines arcium von Florenz erteilen einen Schiedsspruch in einem Streit zwischen milites und pedites in Pistoia. Vgl. auch Santini S. 511 (Urkunde vom 31. VIII. 1236 aus dem Bullettone); dagegen (ibid. S. 516) . . . per consules indicum et notariorum et per consules Artis Lane firmatum fuit hoc statutum . . . 1237 (S. 452) consilii generalis et specialis et capitudinum artium et consulum iudicum et notariorum, camsorum et 25 electorum per quemlibet sextum.

halten haben. — Während der nächsten 15 Jahre hören wir überhaupt nichts mehr von den Zünften[1]; dafs sie weiter existiert haben müssen, lehren die Ereignisse des Jahres 1266, die die zweite Periode der Florentiner Zunftgeschichte heraufführen, die nun, infolge genauerer Berichterstattung der Chronisten vor allem, in etwas hellerem Lichte vor uns liegt[2].

Nach den dramatischen Wechselgeschicken der 50er und 60er Jahre, der furchtbaren Niederlage an der Arbia im Kampfe mit Siena, der Herrschaft des Gibellinenadels, endlich der siegreichen Rückkehr der Welfenpartei geht die Kommune in ihrer zweiten Volksverfassung (secondo popolo) 1266 einen Schritt weiter auf dem Wege zur festen Fundierung einer rein bürgerlichen Verfassung: damit tritt zum erstenmal ein Teil der Zünfte selbst aus dem Dunkel halbprivaten Daseins heraus, wird zum essentiellen Bestandteil der politischen Konstitution der Stadt; es sind neben den 4 Zünften des Grofshandels und des kaufmännischen Verlegertums (Calimala, Cambio, Lana und Por. S. Maria) diejenigen der giudici e notai, der medici e speziali und der vajai pelliciai: diese sieben, die wie Ammirato[3] sagt, später im Gegensatz zu den „niederen“ die „höheren“ genannt wurden[4], werden jetzt zu politisch-militärischen Körperschaften organisiert, jede unter ihrem Zunftbanner[5], das für sie Mittelpunkt, Abzeichen, Wappen

---

[1] Allerdings verläfst uns mit dem Jahre 1250 die Urkundenedition Santinis und es wäre daher immerhin möglich, dafs genauere archivalische Nachforschung noch Spuren der Zünfte auch in diesen anderthalb Jahrzehnten nachzuweisen vermöchte. — In Del. Erud. VII, 187 wird von einer Ratssitzung berichtet, in der 24 „Capitanei“ zugezogen wurden. Ob diese (wie das Rezasco: Diz. stor: verb. capitudine annimmt) mit den capitudines artium zu identifizieren sind, ist zum mindesten zweifelhaft. Es würde beweisen, dafs der Begriff „capitudini“ damals schon denselben Sinn hat, als nach der definitiven Konstitution der Arti (s. u. S. 20 Anm. 3).

[2] In Betracht kommen vor allem Giov. Villani, Marchionne di Coppo Stefani (in Delizie degli Eruditi Toscani Bd. VII—XVII), Paolino Pierri, von den späteren Macchiavelli und Ammirato. Für die Darstellung jetzt bei weitem das beste in den lebensvoll geschriebenen und tief eindringenden Aufsätzen Hartwigs: Ein Menschenalter Florentiner Geschichte, 1250—1292.

[3] Ausgabe von 1824 I 323.

[4] Doch mufs dies sehr bald geschehen sein. Schon die ersten uns erhaltenen Ratsprovisionen aus den 80er Jahren des 13. Jahrhunderts nennen die 7 arti „maggiori“ im Gegensatz zu der grofsen Masse der noch nicht fest organisierten Zünfte. Seit 1292/93 d. h. der definitiven Konstitution der 21 Zünfte erscheinen auch die sogenannten artes mediae, die mit den 7 ersten zusammen meist die maggiori bilden, hie und da im Gegensatz zu diesen als arti minori (z. B. Consulte v. 24. XI. 1292, ed. Gherardi II, 223 ff.; sogar nach Erlafs der ordinamenta justiciae 1294 ibid. S. 426).

[5] Giov. Villani V, 15, March. Stefani Rubr. 1134 (Del Erud. 8, 4), Macchiavelli VI, S. 90, Ammirato I, 323.

ist[1]. — Erinnern wir uns der politischen Vorgänge, die dieser Umwälzung der inneren Verfassung vorausgegangen waren, so wird die Bedeutung derselben ohne weiteres klar: es war die im Jahre 1266 aus sechsjähriger Verbannung heimkehrende Kaufmannsaristokratie[2], die jetzt durch die Eingliederung ihrer schon bestehenden genossenschaftlichen Verbindungen in den Verfassungsorganismus der Stadt für ihre weitere politische Entwicklung einen festen Rückhalt, eine sichere Stütze gewann[3]. — Über die Handwerksgilden erfahren wir dagegen nichts; der priores artium wird nicht mehr Erwähnung gethan, bis der Name für eine Behörde ganz anderer Art im Jahre 1282 zu neuem Leben erwacht, um fortan durch zweieinhalb Jahrhunderte den obersten Magistrat der Zunftstadt κατ᾽ ἐξοχήν zu bezeichnen.

Zwei Jahre etwa bevor die Arti maggiori durch die Einrichtung des Priorenamts[4] die oberste Leitung des Gemeinwesens an sich brachten — im Anfang des Jahres 1280 — werden uns in dem grofsen Schiede, den der Kardinal Latino im Namen des Papstes zwischen Gibellinen und Welfen aussprach, neben Vertretern der 7 obersten Zünfte — unter denen aber merkwürdigerweise die der Kaufleute und die der Wechsler fehlen — auch je einer der Schmiede, Fleischer und

---

[1] Welcher Wert in der ersten Zeit auf Besitz und Führung des Zunftbanners gelegt wird, dafür ein Beispiel unten S. 52. Von den späteren Zunftstatuten erwähnen nur diejenigen der Wechsler und der Tischler einen Zunftbannerträger (gonfaloniere).

[2] Villani VI 85 bringt bekanntlich den raschen Aufschwung Florenz' in dieser Zeit mit den Handelsbeziehungen in Verbindung, die die vertriebenen Kaufleute im Auslande angeknüpft hatten.

[3] Wie Hartwig, der im übrigen die sehr komplizierten Verfassungsverhältnisse der Florentiner Republik in damaliger Zeit mit geschickter Hand entwirrt, dazu kommt 1266 von der Existenz von 21 Zünften zu sprechen (Deutsche Zeitschr. für Geschichtswissenschaft II 90), die Arti maggiori schon in das 12. Jahrhundert hinauf zu verlegen, ist mir nicht recht ersichtlich. Zu der letzteren Annahme mag ihn vielleicht eine irrige Interpretation der Urkunde von 1193 verleitet haben, wie auch der hier wie stets flüchtige Perrens die 7 rectores ohne weiteres mit den Vorständen der 7 „arti maggiori" identifiziert. Auch die Annahme Hartwigs, dafs die Lanazunft an Macht und Bedeutung älter als die „Calimala" sei, ist unhaltbar; die Entwicklung war gerade umgekehrt; und den Humiliaten hat Florenz den Aufschwung seiner Eigenproduktion zu verdanken, nicht aber das Veredlungsverfahren französischer Tücher, das schon längst bekannt gewesen sein mufs.

[4] Schon Ammirato erwähnt (Del. Erud. VII 149), dafs der Name „priores artium" nicht neu war, sondern an eine alte schon 1204 genannte Behörde anknüpfte. Für uns kann er als Beweis dienen, dafs das Institut der „priores artium" aus der ersten Hälfte des 13. Jahrhunderts schon seit längerer Zeit nicht mehr existierte; dafs die Erinnerung an dasselbe schon einigermafsen verblafst war; nur so läfst es sich erklären, dafs man den gleichen Namen für eine so wesentlich andere Institution wählen konnte. Wir gehen wohl nicht fehl, wenn wir das Eingehen der „priores", damit das Auseinanderfallen des Zunftverbands etwa in das Jahr 1250 setzen.

Schuster genannt[1]. Treten hier zum erstenmal rein gewerbliche Einzelzünfte in öffentlichen Angelegenheiten der Stadt hervor, so hat es auch nur zwei Jahre gedauert, bis sie sich gleiche Rechte mit den 7 obersten Gilden errungen hatten: „als man das Prioren Amt schuf", wurde auch ihnen, sowie den Stein- und Holzarbeitern und den Trödlern, wie der zuverlässigste Berichterstatter Villani[2] erzählt, eine politisch-militärische Konstitution zu teil. Vollendet wird die äufsere Organisation der Zünfte wahrscheinlich im Jahre 1288/89[3] da-

[1] Del. Erud. IX 96. Gior. stor. degli Archivi tosc. III S. 180 ff. Für die Behauptung von Perrens, dafs damals die Banner der 21 Zünfte dem Kardinal entgegengetragen wurden, fehlt jeder Beweis. Es werden in dem Friedensinstrument (Inhaltsangabe im Giorn. Stor. Arch. Tosc. III, S. 181—183) lediglich die „società per traffico od arti" gestattet, wenn sie von Potestà und Capitano erlaubt sind; ebenso werden die capitudini und società dell' arti zu Wächtern über diesen Frieden eingesetzt; eine Zahl ist nirgends genannt. — Gegenüber dem urkundlichen Material kann auch der Angabe des später schreibenden, wenn auch im ganzen trefflich unterrichteten Verfassers des Trattato sul Governo di Firenze dal 1280 al 1292 (Del. Erud. IX, 256—273) keine Bedeutung beigelegt werden: Le Capitudini delle Arti erano 21, oggi le chiamiamo Consoli u. s. w. In den Consulte, die mit dem Jahre 1279/80 einsetzen und den Provigioni del Consiglio Magg., die seit dem Jahre 1282 erhalten sind, ist vor dem Jahre 1293 nirgends von 21 Zünften die Rede. — Villari setzt die Erhöhung der Zahl der Arti maggiori von 7 auf 12 in das Jahr 1289 aus mir unbekannten, sicher aber nicht zutreffenden Gründen, wie schon Hartwig (Deutsche Zeitschrift für Geschichtswissenschaft V, 90) richtig bemerkte; diesen aber verhindert seine oben mitgeteilte falsche Auffassung von der Existenz der 21 Zünfte vor 1266 das Richtige zu erkennen. Perrens ist auch in diesem Punkte, wie sonst häufig, nicht klar genug: er meint, dafs erst 1293 die 5 mittleren Zünfte „ins öffentliche Leben treten", während allerdings ihre Vorsteher schon früher zu den öffentlichen Ratssitzungen hinzugezogen worden seien (II, 254 und 359). In Wirklichkeit handelt es sich 1293 um einen engeren Bund, eine Art coniuratio zwischen den 7 artes maiores im engeren Sinn und den 5 mittleren Zünften zu politischen Zwecken (Villani VII, 131). Seit 1280, soweit unsere urkundlichen Quellen hinaufreichen, ist thatsächlich ein wesentlicher Unterschied zwischen den Funktionen der 7 und der 12 arti maggiori nicht mehr zu finden.

[2] Villani VII, 15. Er nennt die Zünfte etwas abweichend von der gewöhnlichen Bezeichnung 1) baldrigari ciò sono mercatanti di ritaglio di panni fiorentini, calzaioli, e pannilini e rigattieri; 2) beccari, 3) calzolai, 4) maestri di pietre e di legname, 5) fabbri e ferraiuoli. Macchiavelli meint fälschlich oder wenigstens ungenau: Furono nel principio queste Arti 12, 7 maggiori e 5 minori. Di poi crebbero le minori infino a 14.

[3] So wenigstens verstehe ich die Stelle der ordinamenta justiciae (Bonaini im Archivio stor. ital. N. S. I. 39): que vexilla habent et habere solent a Communi Florentie a quinque annis citra. Das kann sich nur auf die 9 neu konstituierten arti minori beziehen. Perrens (II, 364) läfst die Vorsteher der 21 Zünfte schon an den Vorberatungen zu dem Erlafs der Ordinamenta teilnehmen; — doch finde ich dafür weder in den von Bonaini publizierten Dokumenten noch in dem archivalischen Urkundenmaterial ausreichende Beweise. Die „consulte" jener Zeit (sie werden demnächst als zweiter Band der Edition von Gherardi im Druck erscheinen und ich verdanke der besonderen Liebenswürdigkeit des

durch, dafs 9 weitere Zünfte — es sind die 1) Weinhändler, 2) Gastwirte, 3) Salz-, Öl- und Käsehändler, 4) Gerber, 5) Harnisch- und Schwertfeger, 6) Schlosser und Eisenhändler, 7) Riemer und Schilderer, 8) Tischler, 9) Bäcker von der Kommune ihr Abzeichen erhielten und damit zu politisch-militärischen Körperschaften wurden. Vier Jahre später wird dann dieser Verfassung gleichsam das letzte Siegel aufgedrückt: es entsteht der Schwurbund zwischen den 21 politischen Zünften „circa honorem et defensionem, exaltationem et pacificum et tranquillum statum dominorum Potestatis, Capitanei et Defensoris et offitii dominorum Priorum et vexilliferi iustitie et Artium et artificum civitatis et comitatus Florentie et totius Populi florentini“: alle früheren Zunft**verbände** werden damit aufgehoben, ihre Erneuerung für alle Zukunft verboten. In festen äufseren Formen stand der Bau der Florentiner Zunftverfassung da, um fortan mehr als zwei Jahrhunderte zu überdauern.

Herausgebers die Erlaubnis zur Durchsicht der Aushängebogen), die Ratsprotokolle, lassen erkennen, dafs auch **nach** 1293 die „capitudines 21 artium“ nur in seltenen Fällen zu den Beratungen mit hinzugezogen wurden; z. B. 6. I. 1294 (consulte II, 456) (wo es aber nicht ganz sicher scheint, ob nicht die Zahl 21 vom Editor eingefügt ist), am 19. X. 1295 (ibid. S. 493) bei der Beratung über eine projektierte Truppensendung nach Sardinien; am 23. IV. 1296 (ibid S. 544) bei Gelegenheit einer von der Stadt aufzunehmenden Anleihe u. s. w.

Was die Frage anlangt, welche von den Florentiner Zünften **nach** 1293 als die „maggiori“ angesehen wurden, so ist sie doch nicht so einfach zu beantworten, wie **Villari** (I, 266) annimmt: dafs man nämlich kurz nach 1293 wieder zur Siebenzahl zurückgekehrt sei, und die 5 artes mediae seitdem immer zu den minores gerechnet worden seien. Vielmehr ist der Sprachgebrauch noch während eines halben Jahrhunderts ein schwankender geblieben. In den meisten Fällen werden immer noch die „capitudines“ 12 maiorum artium zu den Ratssitzungen hinzu gezogen, z. B. noch 1339 (Prov. 29, 161), 1341 (Mercanzia delib. vol. 146). Auch **Villani** spricht noch zum Jahre 1328 von den 12 arti maggiori (X, 108). Für jenen schwankenden Gebrauch ist wohl am bezeichnendsten eine Stelle der ungedruckten Statuten von 1324 (lib. I § 15), wo es heifst: Ubicumque fit mentio, quod 7 capitudines maiorum artium requirantur in communi, intelligantur capitudines 12 maiorum artium. Wahrscheinlich gehört diese Bestimmung des Statuts zu den Zusätzen vom Jahre 1281/82 — nach Konstituierung der 5 artes mediae, — von denen die Consulte I 116, 132, 133, 137, 140 (vgl. Hartwig a. a. O. II 91) reden. Dieser Paragraph ist dann später im Manuskript durchgestrichen und als „cassatum“ bezeichnet worden; trotzd emfindet er sich wieder im Statut von 1355, zu einer Zeit, wo die „12“ maiores artes längst definitiv den „7“ wieder Platz gemacht haben. — Daneben findet sich endlich noch die — durch die Organisation der Mercanzia, des Handelstribunals — hervorgerufene Einteilung der 20 kaufmännisch-gewerblichen Zünfte in 5 maggiori, die (bis 1372 wenigstens) allein zur „mercanzia“ gehörten und 15 minori. Die Pelliparii wurden, da sie an Export und Import nicht in hervorragendem Mafse beteiligt waren, in diesem Zusammenhang zu den arti minori gerechnet. Vgl. auch unten S. 22 Anm. 1.

Überblicken wir noch einmal die wichtigsten Phasen dieser zweiten Periode der Florentiner Zunftgeschichte (1266—1292), so besteht ihr wesentlicher Inhalt zunächst in der allmählichen Bildung von 21 allein politisch berechtigten kaufmännischen und gewerblichen Einzelkörpern, die zu Grund- und Eckpfeilern der Florentiner Verfassung werden. Indem der alte Verband[1] der gewerblichen Zünfte sich um die Mitte des Jahrhunderts auflöste, wurden die bis dahin durch denselben zusammengehaltenen Genossenschaften gleichsam frei und als solche, nicht mehr als Teile eines gröſseren Verbandes für politische Zwecke verwendbar. Da ist es nun von groſser Bedeutung und bisher zu wenig beachtet worden, daſs in der Beschränkung aller politischen Rechte auf 21 Einzelkörper eine gewisse Willkür gegenüber historisch gewordenen Institutionen lag. Giano della Bella, die Seele der Bewegung des Jahres 1293, hatte mit klugem Blicke erkannt, daſs nur in der energischen Zusammenfassung aller Einzelkräfte, in strengem Abschluſs nach auſsen und fester Durchbildung nach innen, die Gewähr für eine dauernde, dem unaufhörlichen Wechsel gewachsene Institution liegen konnte. Indem er zu den 7 im Jahre 1266 konstituierten kaufmännischen Gilden und den 5 gewerblichen und kleinhändlerischen Zünften des Jahres 1282 nun 9 weitere gewerbliche Verbände als politisch berechtigte Zünfte hinzufügte, zugleich aber allen übrigen genossenschaftlichen Organisationen der Gewerbe gesetzlich die Existenzmöglichkeit entzog, zwang er diese entweder sich aufzulösen oder innerhalb der gesetzlich anerkannten Körper Platz zu suchen: rein gewerbliche Verbände sollten fortan nicht mehr geduldet werden, da sie weder für die innere Kräftigung der Bürgerschaft, noch für ihre militärische Organisation im Kampf gegen den Adel zu brauchen waren.

Daran aber kann kein Zweifel sein: die Zahl der gewerblichen Zünfte war v o r dem Jahre 1293 sicher eine weit gröſsere gewesen; unterhalb der schon in der ersten Hälfte des Jahrhunderts bestehenden Einzelgilden bewegte sich das gewerbliche Leben der Stadt in einer gröſseren Zahl von Handwerkergenossenschaften, als sie die ordinamenta justiciae erkennen lassen[2]. Wird doch in einer Ratssitzung des Jahres 1282 einmal der Vorschlag gemacht, die capitudines[3] 32 artium

---

[1] Aber nicht die Zünfte selbst.

[2] Vgl. Lastig: Entwicklungswege S. 244. Del Lungo (Dino Compagni II 50 Anm. 19) citiert aus einem Cod. Magliabecchianus XXV 574, carte di B. Varchi: fussero già più prima di ridursi al numero di 21.

[3] Hier sei es gestattet, ein paar Worte über die Entwicklung des Begriffs „capitudo“ einzufügen (vgl. oben S. 15 Anm. 2). Ursprünglich wird „capitudo“ synonym mit „prior“ in dem Begriff „capitudines artium

zusammenzurufen[1]; auch sonst aber finden sich hie und da Erwähnungen von Zünften, die auf der Liste der ordinamenta justitiae keinen Platz mehr gefunden haben[2].

Was aber von gröſserer Bedeutung ist: auch nach dem Erlaſs derselben finden wir in der ersten Zeit solche rein gewerbliche, nicht politische Zünfte mannigfach erwähnt. 1296 beklagt sich z. B. ein gewisser Thorus Berlingieri vor dem groſsen Rate über eine Art von Boykott, den die Faſsmacherzunft und deren Rektoren über ihn verhängt hätten, und verlangt gegen diese geschützt zu werden; sein Ersuchen wird ihm bewilligt[3]: „non obstante aliquo statuto reformatione, provisione facto et facta per Rectores dicte Artis bottariorum et hominum ipsius Artis[4]"; eine Zunft also mit eignem Vorstand und eignen Statuten, von der in den Ordnungen der Gerechtigkeit nicht die Rede ist[5].

Überhaupt zeigt das Urkundenmaterial der nächsten Zeit ein merkwürdiges Durcheinander von scheinbar sich widersprechenden Nachrichten. Kaum hat man die Bestimmung, daſs keine offiziell nicht anerkannte Zunft Rektoren oder Kon-

---

gebraucht; ebenso erscheint es später als gleichbedeutend mit consules artium; (so auch schon Del Lungo, Dino Compagni II 47, der mit Recht gegenüber Scheffer-Boichorst hierauf hinweist.). Am charakteristischsten dafür Ord. Giust. c. 68 Alcuno de . . . Grandi non possa essere chiamato ovvero essere Consolo, Capitudine, ovvero Rettore d' alcun' Arte. Seit 1293 wird „capitudines" fast immer als technischer Ausdruck gebraucht, wo die Gesamtheit der Vorstände der 7 resp. 12 artes maiores oder auch aller 21 artes bezeichnet werden soll; hier und da kommt daher der Singular „Capitudo" dann auch im Sinne des Gesamtvorstands einer Zunft vor, z. B. consulte II 521 (1290) de qualibet capitudine. Cron. Don. Velluti (cap. 108): I quali s' avessino a scrutinare per Priori, Collegi e Capitani di Parte, e uno per Capitudine und so öfters. Für die Doppelbedeutung vgl. bes. Consulte I 150.

[1] Consulta vom 29. September 1282 (ed Gherardi I 77).

[2] Über die schon 1219 bezeugte Vereinigung der vetturales s. o. S. 12. Eine Ars salis, die später wohl in der Ars oliandolorum aufgegangen ist, wird in den Consulte I 64 (19. Februar 1282) erwähnt. Wir besitzen ferner einen urkundlichen Verzicht eines Amanatus, filius Benincase auf die Zunft der petraivoli seu portantes petras et arenam, ausgesprochen vor den beiden Rektoren dieser Zunft (Protocolli I 104 p. 188). Ich verdanke diese Mitteilung der Güte des Vorstehers der Abteilung „Pergamene" des Florentiner Archivs, Herrn Giorgietti; weitere Ausbeute würde wohl eine — indes nur unter groſsem Zeitaufwand durchzuführende — Durchsicht der Notariatsprotokolle der damaligen Zeit ermöglichen. — Vgl. auch unten die Erörterungen über die ars rigatteriorum und die Ars porte S. Marie.

[3] Prov. 6, 24.

[4] Die Bottarii bilden später ein „membrum" in der Zunft der legnaioli, vgl. unten S. 38 f.

[5] Im Statut der Mercatores von Pisa (Bonaini III 127) wird, wo von den capellarii gesprochen wird, auch der ars berettorum civitatis florentiae, sowie deren consules seu rectores seu capitanei Erwähnung gethan. Die ars berettorum gehört später in Florenz zur Wollenzunft, wo sie aber eine eigenartige Stellung einnimmt. Vgl. u. S. 81 Anm. 2.

suln haben dürfe, in die Stadtstatuten aufgenommen[1], so sieht man sich schon wieder genötigt zu Gunsten der „Ochsenhändler“ eine ausdrückliche Ausnahme von diesem Statut zu machen: man beruft sich auf das alte Herkommen und gestattet den Konsuln und Rektoren derselben auf den Märkten in Stadt und Land Satzungen zu erlassen und Recht zu sprechen[2]. Es mufste sich die Unmöglichkeit herausgestellt haben, ohne die alteingewurzelte genossenschaftliche Gerichtsbarkeit und Verwaltung den Verkehr auf den periodischen Märkten in geordneten Bahnen zu halten[3].

Es ist klar: das reich gegliederte gewerbliche Leben der blühenden Industriestadt vermochte sich nicht mit einemmal den vom Gesetze vorgeschriebenen engen und starren Formen anzupassen; trotz des gesetzlichen Verbots, hie und da durch Ausnahmen von demselben ausdrücklich geschützt, lebten einzelne Gewerbe in der genossenschaftlichen Organisation zunächst weiter, die sie vor der Reformation von 1293 sich gegeben hatten. Den Aufsaugungsprozefs, der diese kleinen Vereinigungen in den gröfseren gesetzlich anerkannten Zunftverbänden aufgehen liefs, die Folgen, die daraus für die innere Organisation dieser Zünfte sich ergaben, werden wir später

---

[1] Das erwähnte Verbot findet sich dann auch in den Stadtstatuten von 1324 (I 10) und 1355 (I 7) mit der Begründung: quoniam per capitudines 21 maiorum artium in ordinamentis iustitie nominatis omnia negotia civitatis expediantur. Die Thatsache, dafs in diesem Passus, der doch wohl als eine Wiederholung des zwischen 1293 und 1298 (s. folgende Anmerkung) in die Kommunalstatuten aufgenommenen Verbots aufzufassen ist, die 21 artes in ihrer Gesamtheit als maiores bezeichnet werden, deutet darauf hin, dafs eine Anzahl „andrer“ artes als „minores“ diesen 21 „maiores“ entgegengesetzt wurden — ein Gebrauch der Begriffe artes maiores und minores, der allerdings sonst sich nicht vorzufinden scheint, der aber beweist, wie vorsichtig man bei derartig schwankender Nomenklatur in den Urkunden vorgehen mufs, wo es sich um Charakterisierung von Institutionen handelt, die, mit dem gleichen Ausdruck bezeichnet, dennoch inhaltlich nicht identisch sind. Man wird, wo man den Begriff Artes maiores resp. minores findet, immer im Einzelfall zu fragen haben, in welchem Sinn er an der betreffenden Stelle gebraucht wird.

[2] Entgegen der in den Statuten enthaltenen Vorschrift: quod nulla ars sive universitas que non sit nominata in capitulo et ordinamentis Justitie possit habere constitutum vel ordinamentum aut consules vel rectores aut sindicos aut alios .... super se non extendant (sc approbatores statutorum artium) ad consules et rectores mercatorum bovium et aliarum bestiarum que venduntur et emuntur in prato communis florentie sc. quod in ipso mercato et prato communis florentie et in mercatis omnibus florentini comitatus possint et essere debeant consules et rectores sicut hactenus consuetum. Qui etiam possint eisque liceat reddere iura et alia facere in dictis mercatis secundum statuta eorum et consuetudinem hactenus per longa tempora conservatam (Prov. 9, 72) vom 31. Juli 1298).

[3] Über die 24 resp. 72 Zünfte bei Dino Compagni, vgl. den Exkurs und Urkunde 1 und 2 im Anhang.

genauer zu betrachten haben; — jedenfalls findet sich nach dem Jahre 1320 keine Spur mehr davon, daſs solche selbständige rein gewerbliche Zünfte in Florenz weitergelebt hätten[1].

Für die politische Entwicklung der Zünfte aber bedeutet das Jahr 1293 den abschlieſsenden Höhepunkt: bis in die monarchische Zeit hinein sind die 21 in der Verfassung anerkannten politisch berechtigten Zünfte die festen Krystallisationspunkte des ganzen Florentiner Verfassungslebens geblieben. Nicht indessen in der Weise, daſs nicht zu wiederholten Malen und aus den verschiedensten Motiven eine reformatorische oder revolutionäre Änderung der Zahl der Zünfte durchzusetzen, bald mit bald ohne Erfolg versucht worden wäre. Auf diese Versuche haben wir jetzt zunächst einen flüchtigen Blick zu werfen.

Exkurs: Zu Dino Compagni I 11 und II 7.

Noch immer ist die Dinofrage nicht definitiv entschieden, wenn auch bei keinem Verständigen mehr der Dino, wie er uns heute vorliegt, als die Originalarbeit des berühmten Florentiner Staatsmannes gelten dürfte. So lange aber nicht geschieden, was echt, was späterer Zusatz ist, ist es nicht angängig Nachrichten Dinos, die nicht durch andere Quellen bestätigt sind, für irgend eine Beweisführung zu verwenden. Nicht im Sinne einer Stütze der im Text gegebenen Ausführungen, als um falsche Deutungen, die erfolgt sind, zu widerlegen, und zugleich einen Anhalt für die Datierung der Umarbeitung Dinos zu geben, sind die folgenden Erörterungen niedergeschrieben worden.

Zwei Stellen sind es, die hier in Betracht kommen; in beiden weicht Dino von den andern Quellen ab. Zunächst berichtet er (I 11) zum Jahre 1293: E a queste cose legarono le XXIV arte (sic!) dando a' loro consoli alcuna balia. Wollte man hier nicht einen einfachen Schreibfehler annehmen, so war man genötigt die Angabe aus sicher beglaubigten Thatsachen der Florentiner Geschichte zu erklären — und diesen Weg haben sowohl Scheffer-Boichorst als seine Gegner beschritten[2]. Bekanntlich[3] haben in Florenz thatsächlich vom

---

[1] Man hat hier und da fälschlicherweise rein religiöse Bruderschaften für solche gewerbliche Zünfte gehalten, wenn sie nämlich Genossen gleichen Berufs umfaſsten. In Wirklichkeit ist das Zunftwesen in Florenz nie in ähnlicher Weise wie in Deutschland etwa von religiösem Geiste durchtränkt gewesen; auch humanitäre Zwecke, Unterstützungskassen auf Gegenseitigkeit u. s. w. finden sich nur selten und wenig ausgebildet. Vgl. unten S. 79 Anm. 1 u. S. 102 Anm. 1.

[2] Scheffer-Boichorst in Zeitschr. für roman. Philologie X 92, Hartwig, Deutsche Zeitschr. für Geschichtswissenschaft V 291, Del Lungo: Dino Compagni II 50, Anm. 19.

[3] Vgl. S. 32, 71 f., 83 ff.

21. Juli 1378 bis 1. September gleichen Jahres 24 Zünfte bestanden[1]; und da die 3 Zünfte, die damals zu den 21 neu hinzukamen, Produkte einer demokratisch-revolutionären Bewegung waren, so wurde auch, nachdem die Bewegung selbst unterdrückt, die 3 neuen Zünfte aufgelöst waren, der Ruf „es leben die 24 Zünfte" zum Wahlspruch jeder derartigen Bewegung der nächsten Jahre[2]. Erst nach 1394 kamen diese letzten Nachwehen der Revolution von 1378 zum Stillstand.

Wollte man nun aus diesem Vorkommen von 24 Arti bei Dino Compagni einen Schlufs auf die Zeit der Umarbeitung des Werks ziehen, so könnte es nur der sein, dafs dieselbe in jene Zeit zu setzen sei, in der die 24 Arti noch existierten, — womit eine sehr enge Zeitgrenze geschaffen wäre — oder solange wenigstens die Erinnerung an sie noch aktuelle Bedeutung hatte[3]. Damit wäre zugleich erwiesen, dafs das Werk eine demokratische Tendenz verfolge, indem es die 24 Zünfte nicht als eine revolutionäre Neuerung, sondern als grundlegende Verfassungsinstitution von 1293 erscheinen liefse. Indes — nur in Verbindung mit anderen Beweisen würde dies Argument für die Datierung der Dino-Bearbeitung einen Wert besitzen: solange wie hier die Möglichkeit eines einfachen Schreibfehlers vorliegt, wird man nur zu einem „non liquet" kommen[4].

Noch an einer zweiten Stelle findet sich bei Dino die Zahl der Florentiner Arti angegeben. — Er berichtet uns nämlich (II 7) dafs, als es im Oktober des Jahres 1300 galt, über die wichtige Frage der Berufung Karls von Valois nach Florenz zu entscheiden, die Prioren neben andern auch die „72 Zunfthandwerke, die allesamt Konsuln hatten" zur Beratung mit hinzugezogen hätten[5]; von allen hätten sich die Bäcker allein gegen die Berufung ausgesprochen.

---

[1] Es ist ein Irrtum, wenn Scheffer-Boichorst (Zeitschr. für roman. Philologie X 92) meint, die 24 Zünfte hätten 1378/80 bestanden. Die 24. wurde bereits am 1. Sept. 1378 wieder aufgelöst.

[2] Vgl. u. S. 84 ff!

[3] Ein Terminus a quo ist damit natürlich auch gewonnen, wie schon Hartwig (a. a. O. 291 Anm. 2) behauptet hat. Nur mufs man zugleich auf den Terminus ad quem hinweisen.

[4] Es sei mir erlaubt, auf eine andere Stelle bei Dino hinzudeuten, die auf dieselbe Abfassungszeit des heutigen Dino hinzuweisen scheint. In dem Dinostreit hat unter anderem die Stelle eine Rolle gespielt, in der D. von Monfiorito, einem der damaligen Florentiner Podestà erzählt, und denselben aus Padua stammen läfst, während er nach allen anderen Quellen aus der Mark Treviso stammt. Nun aber befand sich gerade zwischen 1384 und 1388, nach dem Krieg zwischen Genua und Padua einerseits, Venedig andererseits, Treviso kurze Zeit im Besitz des Herrschers von Padua, Francesco da Carrara. Damit liefse sich die Verwechslung bei Dino ungezwungen erklären.

[5] Dino Compagni (II 7), Richiesono adunque il consiglio generale della parte guelfa e dei 72 mestieri d' arti, i quali aveano tutti i consoli.

Eine genaue Erklärung dieser merkwürdigen Stelle hat nur Del Lungo[1] in seinem Dino-Kommentar zu geben versucht[2]. Für ihn besteht — wie er denn überhaupt, wo es seinen Dino zu retten gilt, sich nicht gerne Skrupel macht, — kein Zweifel, dafs es sich hier um 72 engere Zunftverbände handelt, die zwar eigene Konsuln hatten, aber nur Teile, membra, der 21 politischen Zünfte bildeten; noch 1342 sei der gleiche Zustand nachzuweisen, während diese membra 1378 zwar noch existiert, aber keine eigenen Konsuln mehr gehabt hätten. Zwei Stellen aus Varchi[3] und Macchiavelli[4], einige andere, die das Vorkommen von „membra" in einzelnen Zünften beweisen[5], endlich zwei angebliche Zunftverzeichnisse, von denen das eine von 1316[6] in merkwürdiger Übereinstimmung mit Dino 73 Zünfte namhaft mache, das andere[7], nach seiner Meinung unvollständige, wenigstens 49 aufzähle — führt er als Stützen seiner Ansicht an. —

Prüfen wir diese von Del Lungo vorgebrachten Argumente, so verdienen die beiden Citate aus den Schriftstellern schon um deswillen keine Beachtung, weil beide mehr als zwei Jahrhunderte nach den Ereignissen schreiben, weil sie ferner sich nur in allgemeinen Andeutungen über die innere Organisation der Zünfte seit 1293 ergehen, die sehr gut auf die in unserer Arbeit geschilderten Zustände passen, aber weder über die Zahl der membra, noch über deren Selbständigkeit irgend etwas aussagen. Im übrigen sprechen sie eher gegen Del Lungos Ansicht, als für dieselbe: beide betonen ausdrücklich, dafs jene von ihnen erwähnten membra keine eigene Organi-

---

[1] Del Lungo: Dino Compagni II 148, Anm.

[2] In der Dino-Kontroverse hat natürlich auch diese Stelle eine Rolle gespielt. Scheffer-Boichorst (Florentiner Studien S. 60) hat sie zur Stütze seiner ersten Ansicht verwandt, dafs der ganze Dino eine Fälschung sei; später, als er nur noch die Umarbeitung des echten Dino verteidigte, ist er auf die Stelle nicht mehr zurückgekommen; Hegel (Dino Compagni, Versuch einer Rettung S. 92) ist der Ansicht, dafs die Worte: i quali aveano tutti i consoli späterer Zusatz seien. Indes bedürfte dies doch der näheren Begründung: wie kam der Bearbeiter der Chronik dazu, den 72 Zünften eigne Konsuln zuzuschreiben, da zur Zeit der Umarbeitung sicher davon noch weniger die Rede sein kann, als zur Zeit des echten Dino?

[3] Varchi: Storia fiorentina III 21: in Firenze si trovarono molto più arti e mestieri che questi (sc. 21) non sono; non perciò aveano collegio proprio, ma si riducevano come membri sotto alcuna delle 21 prenarrate.

[4] Macchiavelli: Stor. fiorent. III 12: nell' ordinare i corpi dell' arti molti di quelli esercizi, tra i quali il popolo minuto e la plebe infima si affatica, senza avere corpo di arti propri restavano, ma a varie arti conformi alle qualità delli loro esercizi si sottomessero.

[5] Gargiolli: L' arte della seta S. 292, Paoli: Il duca d' Atene (Giorn. stor. degli Arch. tosc. VI 206 f.).

[6] Prov. XV 17 ff.

[7] Prov. XVII 61—64.

sation[1], damit also vor allem auch keine eignen Konsuln besafsen[2].

Es bleiben also die beiden angeblichen, in Ratsverordnungen eingeschobenen Zunftverzeichnisse, und diese verdienen nicht nur, weil sie der gleichen Zeit entstammen, sondern auch ihres Inhaltes wegen eine genauere Betrachtung.

Es handelt sich bei denselben um eine Reihe von Steuern, die in den Kriegen der Stadt gegen Uguccione della Faggiola und Castruccio Castracane von Lucca dem starken Geldbedürfnis der Kommune aufserordentliche Abhilfe schaffen sollten[3]. Nach der furchtbaren Niederlage von Monte Catini hatte man zur Rückzahluug einer Schuld von 30 000 fl. eine hohe Betriebs- und Umsatzsteuer umgelegt (Okt. 1316), die aber bald als zu drückend empfunden und wieder aufgehoben ward (23. Nov. 1316). Bei dieser Gelegenheit wurde die ganze frühere Verordnung, die im Originalerlafs nicht erhalten ist, noch einmal wiederholt und die Namen von 73 „arti", die zur Entrichtung der Steuer verpflichtet gewesen waren und jetzt dieser Verpflichtung enthoben werden genannt. Es ist die Frage: haben wir in diesen 73 „arti" wirklich mit Del Lungo organisierte Zünfte oder wenigstens Teile von solchen zu sehen, und stehen diese wirklich damals unter eignen Konsuln?

Von solchen „Konsuln" ist allerdings an einer Stelle in dem langen Dokument die Rede, da nämlich, wo den Zunftkonsuln die Pflicht auferlegt wird, die Namen aller zu ihren „arti" gehörenden Sensalen der Steuerbehörde anzumelden. Indes verliert die Stelle ihre beweisende Kraft, wenn man bedenkt, dafs nur die höheren kaufmännischen Zünfte über eine bestimmte Zahl eigner Sensalen verfügten, dafs also in diesem Zusammenhang ganz gut von „consoli d'arti" gesprochen werden konnte.

Was nun aber die angeblichen Zünfte selbst betrifft, so mufs schon die Reihenfolge, in der sie in der Liste erscheinen, Aufmerksamkeit erregen und Zweifel erwecken: während sonst an der in den „Ordnungen der Gerechtigkeit" aufgestellten Zunfthierarchie in allen offiziellen Dokumenten festgehalten wird, vor allem die „arti maggiori" nicht auseinander-

---

[1] Daher auch Varchi von „arti e mestieri", d. h. doch wohl Handwerken, nicht Zünften spricht, denn eine arte ohne collegio proprio ist keine Zunft. Die Doppelbedeutung des Worts Arte hat hier, wie auch sonst (s. weiter unten), Del Lungo irre geführt.

[2] Ganz mifsverstanden hat Del Lungo auch die Angaben Paoli's, von denen unten (S. 78 f.) die Rede sein wird. Es handelt sich bei der Begründung einer eigenen Färberzunft unter dem Herzog von Athen um einen durchaus revolutionären, nur kurze Zeit dauernden Vorgang. Eben dafs sie keine eignen Konsuln hatten und keine eigne Zunft, gab Grund zur Petition der Färber an den Herzog von Athen.

[3] Vgl. die genauen Verzeichnisse von 1316 und 1320 im Anhang, Urkunde 1 und 2.

gerissen zu werden pflegen, sind hier in die Reihe derselben die Händler mit altem und neuem Eisen (eigentlich Schlüsseln) eingeschoben, während die Richter und Notare, sowie die Banquiers ganz an das Ende gerückt sind[1]. Wichtiger aber ist, dafs sich unter den angeblichen „artes" eine ganze Reihe von solchen befinden, deren Mitglieder, wie wir sicher wissen, über eine Reihe von verschiedenen politischen Zünften verteilt waren: so die „Sensalen" aller Art, die „Färber aller Art", die „Weber aller Art"[2].

Am bezeichnendsten aber für die irrige Auffassung der Liste durch Del Lungo dürfte die merkwürdige „Zunft" der „Gesellen und Lehrlinge bei den Warenverkäufern sein"[3]. Es gehört eine von allen mittelalterlichen Anschauungen befreite Phantasie dazu, um sich eine derartige Zunft, in der unter selbstgewählten Vorständen 10jährige Lehrjungen der verschiedensten Berufe vereinigt sein sollen, auch nur vorzustellen.

Del Lungo hat vor allem übersehen, dafs es sich hier nicht um eine Zunftbesteuerung, d. h. um eine auf die einzelnen Genossenschaften repartierte Personalsteuer, sondern um eine Verkehrs- und Verkaufssteuer handelt, die von allen Warenverkäufern in Form einer Umsatzabgabe (ausgedrückt in Prozenten des Verkaufspreises), von allen Nicht-Kaufleuten[4] durch eine jährliche Taxe erhoben wird. Ein Teil der Zünfte, die mächtigen und kapitalkräftigen, befreite sich durch Selbstpacht der Steuersumme von der lästigen Verkehrsüberwachung; die Steuern der meisten in der Liste genannten „artes" dagegen, wurden nach der Sitte der damaligen Zeit an einzelne Unternehmer in Pacht gegeben. Das lange Verzeichnis enthält also nichts anderes als eine Aufzählung derjenigen Gewerbe und Berufsarten, die von der Steuer getroffen werden sollten: auch Lehrlinge und Gesellen konnten unter Umständen Warenverkäufer werden und durften daher in der Liste nicht fehlen. Man kommt notwendig zu dem Schlusse, dafs irgend eine Bestätigung der von Dino genannten Zunftziffer aus der Liste des Jahres 1316 nicht abgeleitet werden kann, die Übereinstimmung beider Ziffern daher als eine nur zufällige angesehen werden mufs, — wenn man nicht annehmen

---

[1] Nro 63 und 64 der Liste I.

[2] Nro 36, 52, 66 der Liste I, sie verteilen sich auf die 3 Zünfte der Tuchproduktion (Calimala — Lana — Seta).

[3] Liste I Nro. 67.

[4] Prov. XV 70: Infra scripti artifices et mercatores, qui mercantias non vendunt, nec ministeria vel cambia faciunt .... 1) Iudices, 2) Notarii, 3) Medici fisici, 4) Medici cirusici, 5) Campsores, 6) Sartores, 7) Barbitonsores, 8) Sensales, 9) Fornarii, 10) Magistri lapidum et lignaminum, 11) Mensuratores et rimendatores pannorum, 12) Ponderatores, 13) Conciatores, affettatores, manganatores pannorum, 14) Tintores, 15) Tiratores pannorum, 16) Fornaciarii.

will, dafs den späteren Umarbeiter Dinos jene Liste ebenso irregeführt hat, wie seinen modernen Kommentator.

Etwas anders steht es mit der zweiten Liste von 1320, die 40 Namen von „Arti“ enthält [1]. Hier wird in der That die Steuer nicht vom einzelnen Verkaufsgeschäft erhoben, sondern direkt auf die einzelnen „Arti“ als Steuersubjekte umgelegt: die „Konsuln“, heifst es weiter, und ihr Beirat sollen dann die Steuern auf die Mitglieder der einzelnen Zünfte weiter verteilen, und ebenso unter diejenigen alle der membra, die einstmals zum Zweck der Steuerzahlung den einzelnen Zünften zugeteilt worden seien [2].

Ich gehe wohl nicht fehl, wenn ich in dieser Bestimmung den Niederschlag eines bedeutsamen Fortschritts erkenne, der sich wahrscheinlich zwischen 1316 und 1320 in der Richtung auf eine straffere, mehr centralistische Organisation der Florentiner Zünfte vollzogen hatte. Das treibende Moment desselben lag in den Bedürfnissen des öffentlichen Haushalts, den Forderungen nach Vereinfachung der Steuertechnik. An die Stelle einer umständlichen das reiche, aufblühende Verkehrsleben der Stadt unterbindenden Umsatzbesteuerung trat die Steuerumlage auf die einzelnen beruflichen Vereinigungen: und diese wiederum wurden, so weit das noch nicht bisher geschehen, den von der Verfassung anerkannten 21 grofsen Zünften eingegliedert, um dann mehr und mehr mit der Zeit organische Bestandteile derselben zu werden [3]. Die Einzeluntersuchungen über die „membra“ der Gesamtzünfte bringen Beweise genug, wie gerade in jener ersten Übergangsepoche die später mehr und mehr verschwindende Selbständigkeit der

---

[1] Eigentlich sind es 3 Listen: die erste enthält die von der Steuer des letzten Jahres schon gezahlten Summen, die zweite die noch restierenden, die dritte die gesamte Umlage für das nächste Jahr: nur die letzte konnte natürlich hier benutzt werden.

[2] inter homines sue artis et membra et homines membrorum olim deputatorum et ordinatorum ad solvendum cum dictis artibus, sicut et quomodo fiebat et observabatur tempore, quo ipse gabelle artium vendebantur.

[3] Folgendermafsen lassen sich die in der Liste genannten Artes auf die 21 politischen Zünfte verteilen: Die Berufe, die diesen die Namen geben, erscheinen als Nro. 1—7, 11, 12, 14—16, 18, 22, 24, 26, 31, 33, 35, 36, 40. Von den übrigen gehören a) die aurifices (20) zur Arte di Por. S. Maria, b) die barbitonsores (79), pictores (23), sellarii (25), pergamenarii (27), barbitonsores (29), scodellarii (37), guainarii et fiascarii (39) zu den Medici, speziali e merciai. c) Die Pennaioli e linaioli (17) und die sartores (30) zu den Rigattieri. d) die fornaciarii (32) zu den m̄ri lapidum et lignaminum. e) die sevaivoli (10) zu den oliandoli. f) die bastarii (9), cuffiarii (10), balestarii (21), dadaivoli (34), bottarii (38) zu den legnaioli. Fraglich bleiben die prestatores ronzinorum für diese Zeit, später gehören sie zu den Schmieden. Keinesfalls ist das Verzeichnis vollständig; denn in der Liste des vorhergehenden Jahres finden sich einige andere, die hier fehlen, wie die cerbolattarii et orpellarii, die magistri grammatice et abaci.

einzelnen membra innerhalb der Zünfte auf dem Gebiete des Steuerwesens am deutlichsten zum Ausdruck kam, wie dieselben oft nicht durch Vermittlung der Gesamtzunft, sondern unmittelbar — wie selbständige Körperschaften — zu den Lasten der Kommune herangezogen wurden [1].

Zur Bestätigung der fraglichen Dinostelle kann also auch diese Urkunde nicht herangezogen werden, zumal die in derselben angegebene Zunftzahl nicht mit der von Dino genannten übereinstimmt [2]. Es wäre, wie schon angedeutet, immerhin möglich, dafs dem späteren Bearbeiter Dino's die erste der beiden Ratsverordnungen vorgelegen hat, dafs er ihr die Zahl der angeblichen „Zünfte" — in Wirklichkeit Berufe — entnahm, und nun in eine Vorlage, die von einer Versammlung „aller" Zünfte berichtete, die Zahl eingeschoben hat. Indes bleibt dies eine Vermutung, die ebenfalls erst bei einem tieferen Vordringen in der Dinofrage eventuell von Bedeutung werden könnte.

---

[1] Vgl. S. 47, 54 ff.

[2] Natürlich beweist die Stelle ebenso wenig etwas gegen Dino's Angabe. — Man könnte sich ja denken, dafs vorher 72 solcher membra — vor der Eingliederung in die grofsen Zünfte — als unabhängig organisierte Einzelkörper bestanden hätten. Aber gegenüber dem Verbot der ordinamenta und dem Mangel sonstiger Bestätigung verliert die Angabe — noch dazu einer einstweilen nicht als zuverlässig anerkannten — Quelle jeden Wert. Es ist kaum denkbar, dafs nicht weniger als 51 Zünfte unter eignen Konsuln jenem Verbot zum Trotz 10 Jahre weiter bestanden haben sollten.

Zweites Kapitel.

Vorübergehende Änderungen in der Zahl der Zünfte im 14. und 15. Jahrhundert.

Bis zum Jahre 1343 scheint an der 1293 stabilierten Zahl der politischen Zünfte nicht gerüttelt worden zu sein. Damals hat dann die Tyrannis des Herzogs von Athen, die sich hauptsächlich auf die untersten, politisch rechtlosen Volksklassen stützte, den bisher der Wollenzunft „unterworfenen" Färbern eine eigne unabhängige Genossenschaft als 22. Zunft[1] zugestanden, die aber die Vertreibung ihres Gründers und Schützers kaum überlebt hat[2].

Fünf Jahre darauf hat man den Versuch gemacht eine organische Reform des gesamten Zunftwesens in Florenz durchzuführen. Die Pest hatte fürchterlich, besonders unter den niedersten Volksschichten, aufgeräumt; etwa die Hälfte der damaligen Bevölkerung war ihr zum Opfer gefallen oder aus der Stadt entflohen; manche Zünfte mochten den gröfsten Teil ihrer Mitglieder verloren haben und als politisch-militärische Körperschaften kaum mehr zu brauchen sein. Da entschlofs man sich denn zu einer Verminderung der Zahl der politischen Zünfte: durch Zusammenlegung wurden aus den 21 jetzt 14 gemacht[3]. Dabei ging man durchaus von rationellen, wirt-

---

[1] Es ist daher nicht ganz genau, wenn Lastig (Quellen des Handelsrechts S. 245) und ihm folgend Villari (I due primi secoli II, S. 87 u. 120 Anm. 2) die Behauptung aufstellen, dafs die Zahl der politischen Zünfte seit 1293 stets unverändert blieb.

[2] Vergl. darüber unten S. 79 f.

[3] Weder die Schriftsteller noch die Urkunden geben uns von der Reform selbst Nachricht: die letzteren lassen uns aber wenigstens den Zustand nach der Reform deutlich erkennen. Sie gestaltete sich in der Weise, dafs 9 Zünfte (nämlich 1. Giudici e notai, 2. Calimala, 3. Cambio, 4. Lana, 5. Por San Maria, 6. Pellicciai e vaiai, 7. Beccai, 8. Rigattieri, pannaioli lini e sarti, 9. Pizzicagnoli ed oliandoli) in ihrem bisherigen Bestand erhalten blieben; dagegen die übrigen 12 alten

schaftlich und organisatorisch praktischen Gesichtspunkten aus: Gewerbe, die wirtschaftlich mit einander enge verwandt waren (wie z. B. sämtliche Zweige der Eisenverarbeitung, die Schuster und Gerber etc.), und zwischen denen es daher, so lange sie getrennte Zünfte bildeten, oft zu Reibereien und Kompetenzstreitigkeiten gekommen war, waren nun miteinander vereint worden. Aber die einmal organisierte Zunfteinteilung, die durch die politische Entwicklung in feste Formen gegossen war, erwies sich als stärker als alle in drangvoller Zeit erlassenen, an sich noch so vernünftigen Reformen. Sobald die Bevölkerung in den Jahren nach der grofsen Pest wieder sich zu erheben und durch starke Einwanderung vom Lande auf eine normale Höhe zu wachsen begann, strebte auch die Zunftorganisation sofort in die alten, im Laufe eines halben Jahrhunderts fest eingewurzelten Formen zurück. Das Gleichgewicht war gestört: den 7 höheren Zünften, zu denen aus den niederen nur die Riemer aufgerückt waren — indem sie in der Zunft der Ärzte, Apotheker und Krämer Aufnahme fanden —, standen jetzt die 7 niederen Zünfte mit den gleichen Rechten gegenüber, die sich früher auf die 14 Einzelkörper verteilt hatten; von ihrem übermütigen Wesen können die Schriftsteller gerade in jenen Zeiten nicht genug berichten[1]; haben sie doch sogar im Jahre 1349 eine Petition eingereicht, die an alten wirtschaftspolitischen Grundsätzen, wie dem Verbot aller Monopole und Kartelle zu rütteln wagte[2]. Was dann den direkten Anlafs zur Wiederherstellung der alten Ordnungen gab, darüber gehen die Berichte auseinander: nach Donato Velluti[3]

Zünfte zu den 5 neuen in der Weise zusammengezogen wurden, dafs 10. die Medici speziali e merciai mit den Tavolacciai e coreggiai, 11. die Calzolai mit den Galigai und pezzai, 12. die Fabri mit den Corazzai, chiavaioli, ferraioli, spadai, 13. die Maestri di pietra e legname mit den Legnaioli und Cassettai, 14. die Vinattieri mit den Albergatori und Fornai je eine neue Zunft bildeten. Vollendet ist die Reform schon am 27. August 1348 (Mercanzia delib. Vol. 156).

[1] Giov. Villani XII, 32 u. 43; Matteo Villani III, 56; VIII, 24; Ammirato rubr. 335.

[2] Prov. 36, 151: Die „7 artes minores" reichen eine Petition ein wegen der deputati ad faciendum quedam ordinamenta que vulgariter appellantur „ordinamenti facti sopra le posture e monopoli dell' arti e degli artefici delle 7 minori arti" und bitten um eine Revision dieser ordinamenta.

[3] Donato Velluti: Chronica S. 106: perocchè essendo per la mortalità del 1348 recate le 21 Arti a 14 nel 1349 gli Albizzi essendo Schiatta Ridolfi e Filippi Bastari, procacciarono e feciono fare, ch' elle si recarono alle 21, dicendo che aveano rimesso l' uscio ne' gangheri... ingegnandosi ciascheduno recare a se Ghibellini e artefici minuti e fargli maggiori. Nach den Urkunden fällt die Wiederherstellung erst in das Jahr 1350; in den deliberationes curie mercanzie erscheinen zum erstenmal am 8. November 1350 die Konsuln der 21 Zünfte wieder.

erscheint sie als ein Gegenschlag der Albizzi gegen die übermäfsige Macht der aristokratischen Welfenpartei, als eine Mafsregel im demokratischen Interesse der niederen Zünfte; eine Ratsurkunde vom 26. September 1350 knüpft sie an eine Petition der Schlüsseler und ihrer Zunftsgenossen einerseits, der Schuster andrerseit an, in der über die eingerissene Unordnung in der Rechtsprechung Klage geführt wird: im Konsulat der Zünfte säfsen Leute der verschiedensten Berufe und jeder spräche nur im Interesse desjenigen „membrum" Recht, von dem er in den Zunftvorstand gewählt sei. Dafs in manchen von den 21 Zünften genau das gleiche der Fall gewesen war, konnte nicht hindern, dafs der Petition Folge gegeben und die alte Zahl der Zünfte wiederhergestellt ward[1].

Bekannter als diese bisher kaum beachtete Episode ist dann die im Gefolge des Ciompiaufstands vom niederen Volke durchgesetzte Vermehrung der Zünfte um drei neue politisch berechtigte Körperschaften, von denen die eine, die der sogenannten Ciompi, kaum einen Monat überdauerte, die beiden andern aus niedern Handwerkern, sowie Arbeitern der Woll- und Seidenindustrie gebildeten, nach 3jährigem Bestande wieder aufgehoben wurden. Seitdem ist, bis zur Medicäerherrschaft, die Zahl der politischen Zünfte thatsächlich unverändert geblieben: alle Versuche, die von den Häuptern der aristokratischen Partei im 15. Jahrhundert gemacht wurden, durch Verminderung der Zahl der niedern Zünfte deren schon stark gesunkener Macht den letzten Stofs zu geben, ihnen alle Teilnahme an der politischen Macht zu entziehen, sind jedesmal an dem Widerstand der Popularpartei der Medici gescheitert[2].

Im ganzen also erwiesen sich die Organisationen von 1293 als so fest in der politischen Verfassung des Florentiner Bürgertums fundamentiert, dafs sie allen Stürmen des bewegten 14. Jahrhunderts Trotz bieten konnten. Welcher Art waren nun diese Gebilde, wenn wir nicht ihre Stellung im Ver-

---

[1] Vergl. Urkunde 3 im Anhang. Merkwürdigerweise ist auch noch in den (ungedruckten) Statuten von 1355 an manchen Stellen von den „7 artes minores" die Rede, ein Beweis, dafs diese Verordnungen in den Jahren 1348/50 entstanden sein müssen. So z. B. liber I, cap. 176: den officiales bladi soll zustehen cognitio et iurisdictio contra laboratores seu laborantes et artifices 7 minorum artium .... Eine andere Erwähnung in dem Streit zwischen Fabri und Corrazzai von 1393. (Stat. fabrorum I fol. 115): die beiden Zünfte sollen diejenigen Gewerbe betreiben, die sie betrieben hätten: tempore quo ex 14 artibus 21 facte sunt."

[2] So schlug z. B. 1426 Rinaldo degli Albizzi eine Verminderung der Zahl der Arti minori auf die Hälfte vor, um die Stimmenzahl der „kleinen Bürger" zu vermindern (Reumont: Lorenzo dei Medici Bd. I, S. 35). 1471 soll die Zahl der niedern Zünfte gar auf 5 herabgesetzt werden, die Besitzungen der aufgelösten Zünfte sollen zur Bildung eines Kreditinstituts für die Löhnung der Beamten dienen (ibid. Bd. I, S. 299).

fassungsleben der Stadt, auch nicht so sehr die äufseren Formen und Institutionen, in denen sie sich bewegten — wie das bisher meist geschehen —, sondern ihr eignes inneres Leben ins Auge fassen? Heterogene Elemente waren vielfach — als Glieder (membra) einer grofsen politischen Zunft — zusammengefafst; wie unter den Zünften als politischen Einheiten ein Kampf um die politischen Rechte in der Stadt, so mufste sich in den so zusammengesetzten Zünften vielfach eine Auseinandersetzung, friedlich oder feindlich, um die Geltung und die Machtverteilung zwischen den einzelnen Gliedern vollziehen. — Wo aber gewerblich-wirtschaftliche Buntscheckigkeit fehlte, da traten — wie vor allem in der grofsen Wollenzunft — die socialen Gegensätze zwischen Tuchherren und Tucharbeitern, zwischen Kapital und Arbeit an deren Stelle: auch hier bietet das innere Leben der Zünfte im 14. Jahrhundert ein reichbewegtes, buntschillerndes Bild. Den Fragen, die hier angedeutet sind, soll im folgenden näher getreten werden. Dabei wird es, um durchaus auf empirischem Boden zu bleiben, nötig sein, die wichtigsten Zünfte, die unter den angedeuteten Gesichtspunkten unser Interesse erregen, zuerst einzeln, als für sich interessante Beobachtungsobjekte, zu untersuchen, um dann am Schlusse gewisse gemeinsame Züge und Entwicklungstendenzen als Resultate der Einzeluntersuchungen zusammenzufassen.

Drittes Kapitel.

Die innere Gliederung der politischen Zünfte im 14. Jahrhundert.

1. Vorbemerkungen.

Die Reihenfolge der folgenden Einzeluntersuchungen ergab sich im allgemeinen aus dem Bestreben, von den einfacheren, auf wesentlich gleichgerichteten wirtschaftlichen Interessen beruhenden Gebilden zu den komplizierten, vielfach — wirtschaftlich und social — zusammengesetzten fortzuschreiten[1]. Vorweg genommen wurde die Zunft der Richter und Notare, nicht nur, weil auch sie uns einfache, leicht zu überblickende Verhältnisse zeigt, sondern weil sie allein unter den 21 Zünften keine kaufmännischen oder gewerblichen Elemente in sich birgt.

Von den übrigen konnte ein Teil — aus Mangel an Material — für unsere Zwecke nicht herangezogen werden, ein anderer bot unter den hier betonten Gesichtspunkten nicht genügendes Interesse. Von den Zünften der Gerber und der Steinmetzen sind uns im Florentiner Staatsarchiv keine Statuten erhalten, die der Schuster sind durch Wasser zur Unlesbarkeit zerstört. — Andrerseits bilden die Zünfte der Wechsler und Fleischer nicht nur politische, sondern auch wirtschaftlich-sociale Einheiten; die der Kürschner und Pelzhändler zeigt

[1] Ich möchte hier noch betonen, daſs es sich im folgenden nur um solche Unterabteilungen der Zünfte handelt, die irgendwie organisch dem Gesamtverbande als politischem Körper eingegliedert sind. Es versteht sich von selbst, daſs sich auch sonst noch mannigfache wirtschaftlich-sociale Unterscheidungen innerhalb des Zunftganzen finden (Stadt- und Landhandwerker, Ladenbesitzer und Hausierer etc.), die aber meist nicht organisationsbildend zu Tage treten.

eine völlige Gleichberechtigung beider Gewerbe. Die Gründe endlich für die Nichtberücksichtigung der Calimalazunft sollen weiter unten in anderem Zusammenhange erörtert werden[1].

2. **Giudici e Notai** (Richter und Notare).

Schon zu Beginn des 13. Jahrhunderts sind Richter und Notare zu einer Zunft vereinigt und so ist es in der ganzen republikanischen Zeit geblieben. Nur einmal — noch vor dem Erlafs der ordinamenta — ist es, so weit ich sehe, zu einem Versuch der Separation, getrennter Zunftbildung gekommen. Im Jahre 1287 hatten sie ihre Konsuln als getrennte Körperschaften gewählt und versucht, wie zwei Einzelzünfte jede ihren speciellen Interessen zu leben, eignes Gericht, eigne Verwaltung zu haben: vom capitano del popolo wurden sie, in der Kirche San Pierro Scheraggio, aufs neue zu gemeinsamer Zunftbildung gezwungen[2].

Seitdem scheint die innere Gliederung der Zunft keinen Veränderungen mehr unterworfen gewesen zu sein[3]. Die Ämter wurden in der Weise verteilt, dafs den Richtern $^3/_8$, den Notaren $^5/_8$ aller Amtsstellen zufielen[4]: 8 Konsuln, 16 Ratsleute werden auf diese Weise gewählt. Von den 4 — am Ende jeder Konsulatsperiode ernannten — „Sindici“, die, wie überall in den Zünften, das Mandat hatten, die Amtsführung der ausscheidenden Konsuln zu prüfen, sollen 3 aus den Notaren, 1 aus den Reihen der Richter genommen werden.

---

[1] Als Quellen dienen neben den Ratsprovisionen vor allem die — fast sämtlich noch unedierten — Zunftstatuten. Daneben kamen vielfach die Zunftmatrikeln, bei der Wollenzunft auch die „deliberationes“, die Akten des Zunftrats in Betracht, die uns allein in dieser Zunft für das 14. Jahrhundert erhalten sind. Endlich sind von Wichtigkeit Konsullisten und die „deliberationes mercanzie“ für die Besetzung und Verteilung der Zunftämter.

[2] Provision vom 27. März 1287 bei Perrens III 285 f.

[3] Das Staatsarchiv enthält ein wahrscheinlich aus dem Jahre 1343 stammendes Statut, das aber im grofsen Zunftkatalog nicht verzeichnet, an den oberen Teilen durch Wasser vielfach zerstört ist, ebenso wie die Matrikel. — Alle folgenden Statuten sind durch eine Arnoüberschwemmung von 1556 zerstört, 1557 neu geschrieben worden; im Vorwort dazu finden sich die Rubriken des Statuts von 1416 mit den Zusätzen bis 1556 aufgeführt. Im ganzen sind wir daher über diese wichtige Zunft weit schlechter unterrichtet, als über die meisten andern.

[4] Dies entsprach aber durchaus nicht dem Stärkeverhältnisse beider Berufe, das etwa wie 1 (Giudici) zu 6 (Notai) war. Nach Villani (XI 93) gab es 1338 etwa 100 Richter und 600 Notare. Eine Matrikel (um 1300) giebt die Zahl der ersteren auf 66, der letzteren auf 374 an. Im Verhältnis zu ihrer Zahl hatten die Richter also — ihrem socialen Ansehen entsprechend — weit stärkere Vertretung.

3. **Fornai** (Bäcker)[1].

Mit deutlichen Worten wird in § 26 des ersten uns erhaltenen Statuts die Zunft als eine einzige, einheitlich verwaltete Genossenschaft proklamiert; trügen auch die beiden „membra“ verschiedene Namen, so seien sie doch eine einzige Körperschaft; Ausgaben und Einnahmen sollen für beide Teile dieselben sein; keiner dürfe sich nur als Mitglied der einen Zunftabteilung ausgeben, sondern sie sollen sich alle als Angehörige einer Zunft betrachten und bezeichnen[2]. Über den technischen Unterschied der beiden Berufszweige fornarii und panatterii oder pistores erfahren wir nichts näheres: wahrscheinlich waren die fornarii der umfassendere Begriff, die Besitzer der Backöfen, in denen aufser Brot auch sonst allerlei Speisen gebacken und gebraten wurden[3], während den panattieri nur die Brotbäckerei erlaubt war. Jedenfalls deutet schon die energische Fassung der angeführten Bestimmung darauf hin, dafs Tendenzen zum Auseinanderstreben in der Zunft sich geltend gemacht hatten. Kein Zweifel, dafs dieselben von den fornarii ausgingen: sie waren entschieden das wohlhabendere Element in der Zunft, zahlten damals das doppelte Eintrittsgeld[4]; bei der Steuerumlage sind die Maximalbeiträge der einzelnen Mitglieder beider Berufe auf 15 resp. 9 s. jährlich festgesetzt[5]; wer „auf dem Kopf oder Nacken Brot zu Markte trägt und in eigner Person es dort verkauft“, ist schon durch seinen Beruf vom Konsulat ausgeschlossen[6].

Später scheinen auch diese Unterschiede zwischen den fornarii und den panatterii geschwunden zu sein. Allerdings die Matrikel führt sie stets noch getrennt von einander auf;

---

[1] Das uns erhaltene Statut hat leider am Anfang eine Lücke von 12 Seiten. Daher fehlen die für unsre Zwecke wichtigsten Bestimmungen über Wahl der Beamten etc., ebenso die Datierung. Der erste Zusatz ist aus dem Jahre 1337, das Statut selbst daher wohl von 1336 oder 1337.

[2] Fornai I § 26: „Cum hactenus fornarii et pistores et homines et persone dicte Artis semper retroactis temporibus a tanto tempore citra, cuius memoria non exsistit, fuerunt et hodie sunt unum et idem corpus et una et eadem ars et collegium“, soll das so bleiben, „non obstante quod diversis nominibus nuncupentur.... Et quod introytus et exitus ipsorum sit et essere intelligatur unum et idem in omnibus et singulis comodis occurendis inter eos.... Et quod nullus fornarius vel panaterius audeat vel presumat dicere vel allegare se essere solum de Arte vel membro fornariorum, sed dicat et alleget et censeri velit simul et semel de Arte fornariorum et panacteriorum et non divisum de altera“.

[3] Vgl. darüber Sacchetti, Novelle II 182: che avendo mandato uno tegame con uno lombo e con arista al forno, e 'l detto Noddo avendone mandato un' altro con un busecchio pieno non so di che; al fornajo mandando Noddo per lo suo, gli venne dato etc. ...

[4] Fornai I § 17.

[5] ibid. § 22.

[6] ibid. § 19.

in allen späteren Bestimmungen über das Eintrittsgeld dagegen wird von 1269 an stets nur eine Taxe, die also für beide Berufe Geltung hatte, angegeben[1].

4. **Pizzicagnoli ed oliandoli**[2] (Gewürzkrämer und Ölhändler).

Nur wenige kurze Notizen lassen uns einen Blick thun in die innere Gliederung einer Zunft, die sicherlich eine Menge der verschiedenartigsten Elemente in sich barg, deren Charakteristikum der Kleinkram mit allerlei dem täglichen Gebrauch dienenden Warensorten gewesen ist[3]. — Gewürzkrämer, Getreideverkäufer, Glaser und Seiler bilden die vier grofsen Gruppen, in die die Zunft sich scheidet[4]: doch werden ihre Rechte nicht im einzelnen gegeneinander abgegrenzt, sondern es gilt nur die allgemeine Bestimmung, dafs bei der Ämterbesetzung immer jedes membrum wenigstens durch ein Mitglied aus seinen Reihen vertreten sein soll[5]. Von Bedeutung für die weitere Entwicklung der Zunft ist diese Scheidung niemals geworden; von Konflikten und Reibungen zwischen den einzelnen Teilen wird uns nichts berichtet.

5. **Legnaioli** (Holzhändler, Tischler).

Weder das erste uns erhaltene Statut der „Holzhändler" aus dem Jahre 1299, noch die bereits mit dem Jahre 1280 einsetzende Matrikel lassen uns irgend welche organische Gliederung der Zunft in „membra" erkennen. Nur diejenigen Zunftmitglieder, welche das Herabflötzen der Holzflöfse von den Gebirgswäldern nach Florenz besorgen[6], sind zu einer Sonderorganisation unter einem „Vorsteher" (rector) vereint,

---

[1] Bestimmungen von 1369, 1380, 1391, 1439 etc. (das betr. Statut hat keine numerierten Seiten!)

[2] Das Statut stammt aus dem Jahre 1345; die Matrikel (von 1338—1372), sehr zerstört und schwer leserlich, läfst im Jahre 1338 nur die lokale Einteilung nach den Stadtsechsteln erkennen.

[3] Ein sehr ausführlicher Anfangsparagraph zählt die einzelnen Waren auf, mit denen die Zunftmitglieder Handel treiben.

[4] Oliandoli I fol. 92, vgl. auch I 5. Danach müssen die „Arroti" zur Konsulwahl de quolibet membro sein; dagegen werden die 4 burse der zur Wahl Vorgeschlagenen lokal nach den 4 Stadtvierteln angefertigt.

[5] Auch die Listen der zu den Ämtern Berechtigten, die uns in den deliberationes der Mercanzia erhalten sind, zeigen stets die Vierteilung, wobei die pizzicagnoli (oliandoli) am stärksten, die funaioli am schwächsten vertreten sind.

[6] Legnaioli Stat. I § 55: Ad dandam agilitudinem hominibus legnaiolis, qui utuntur inmontari per lignamina.

der zwei consiliarii und einen „Kämmerer“ zur Seite hat; er wird von den Konsuln der Zunft auf ein Jahr gewählt und hat die Befugnis die Angelegenheiten dieser Flötzer zu ordnen, ihre Streitigkeiten zu schlichten, gegen Betrug und Diebstahl einzuschreiten; aus der Kasse der Gesamtzunft erhalten er und seine „Räte“ (consiliarii) ihren Sold. Vielleicht gehen wir nicht fehl, wenn wir in diesen Bestimmungen die spärlichen Reste früherer Autonomie der „montanari“ erblicken.

Ein ganz anderes Bild zeigen schon die zweiten Statuten der Zunft vom Jahre 1312. Eine reiche Fülle arbeitsteiliger Gliederung tritt uns schon in dem Eingangsparagraphen entgegen, der den Umfang der Zunft beschreibt und sie gegen andere abgrenzt. In die neue Organisation der Zunft läfst uns dann der Abschnitt, der von der Konsulwahl handelt, einen Einblick thun: von den 3 Konsuln und von 4 consiliarii soll immer je einer aus dem membrum der „Kisten- und Korbmacher“ (cassettarii vel cofanarii di S. Giovanni)[1], genommen werden: dagegen nie einer von den „Holzsägern und Ochsentreibern“ (secatores et bubulci[2]); während die zuerst genannten Berufe der Zunft als „membra“ angehören, ihr organisch eingegliedert sind und an Rechten und Ämtern teilhaben, unterstehen die letzteren, gleichsam als niedere Beamte der Zunft, ihrer Kontrolle und sind von Rechten und Ehren ausgeschlossen[3]. Demgemäfs finden sie sich auch nicht in den Matrikeln der Zunft, während unter den eigentlichen Holzarbeitern die Arbeitsteilung im Laufe des 14. Jahrhunderts eine immer reichere wird; neben den „legnaioli grossi“ erscheinen „Kisten- und Korbmacher, Fafsbinder (bottai, barlettai), Verfertiger von (hölzernen) Saumsätteln (bastieri), Schüsseler (scodellai), Verfertiger von Spinnrocken (filatoiai), von Armbrüsten (balestieri), von Bögen (arciai)“ u. a. m. in den Listen der Neuaufgenommenen.

Die hier begonnene Entwicklung zeigt dann das dritte Statut der Zunft vom Jahre 1342 in einem weiteren Stadium. Schon die Bezeichnung der Zunft nennt jetzt „cofanarii und cassettarii“ neben den „legnaioli grossi“[4]; von den 4 consiliarii

---

[1] Dies ist, wie häufig, eine Bezeichnung nach dem Ort, wo sie hauptsächlich ihr Gewerbe ausübten, hier wohl der ganze Stadtteil S. Giovanni.

[2] Die Sonderstellung zeigt sich auch schon im Eingangsparagraphen, wo erst, nachdem die Hauptberufe aufgezählt sind, am Schlufs in einem neuen Satze hinzugefügt wird: „Et seccatorum legnorum ad secam grossam ad telarium et bubulcorum seu traentium cum bubus lignamina.

[3] Nach § 75 haben die Konsuln für eine genügende Anzahl von „bubulci“ zu sorgen.

[4] Legnaioli III § 1: Statuta artis et universitatis Legnaiolorum grossorum, Capsettariorum et Cofanariorum Civitatis et districtus Florentie.

soll je einer „ex capsettariis seu exercentibus Artem in via seu membro Sti Joannis“, und einer „de exercentibus Artem capsettariorum in civitate Florentie alibi ubicumque“ genommen werden. Die berufliche Gliederung wird so zugleich zu einer räumlichen: im Mittelalter oft beinahe etwas selbstverständliches, wo sowohl die Interessen der Kontrolle, wie die halbmilitärische Organisation die Mitglieder der meisten Zünfte an einzelnen Stellen der Städte dicht zusammendrängte [1].

Noch ein weiteres membrum scheint sich dann im Laufe des 14. Jahrhunderts zu selbständiger Organisation abgezweigt zu haben, wenn uns die Statuten davon auch nichts berichten. 1346 finden mit einem Male 63 „Faſsbinder“ (bottarii et barlettarii), die bis zu jener Zeit in den Zunftlisten nicht erwähnt waren, Aufnahme in die Zunft. Ob es sich hier um eine Abzweigung eines schon in der Zunft vertretenen Gewerbes oder um Neuaufnahme bisher Auſsenstehender handelt. läſst sich mit Sicherheit nicht erkennen. Jedenfalls zeigt uns eine Bestimmung aus dem Jahre 1394 über die Wahl der „investigatores“ (etwa: Polizeispione) die Gleichberechtigung der 4 membra in der Zunft, die je einen von den 4 neugeschaffenen Beamten aus ihrer Mitte zu stellen haben [2].

6. **Chiavaioli** (Schlüsseler, Schlosser).

An den relativ einfachen Verhältnissen, die uns hier im ersten Statut von 1329 [3] entgegentreten, scheint die weitere Entwicklung der Zunft nicht gerüttelt zu haben. Von den Ämtern und Ehrenstellen besetzt das wichtigste membrum, nach dem die Zunft benannt ist, die Hälfte, die „Händler mit neuem“ und „die mit altem Eisen“ je den vierten Teil (ferraioli nuovi e vecchi, letztere meist ferravecchi genannt). Wohl ist die Arbeitsteilung innerhalb der Zunft eine äuſserst reiche — zwischen 1350 und 1450 zähle ich in der Matrikel 29 verschiedene Berufsarten [4], von denen 12 der eigentlichen Eisenbearbeitung angehören; wohl werden im Laufe des 14. Jahrhunderts einige bisher auſserhalb der Zunft stehende Gewerbe

---

[1] § 28 bestimmt, daſs von den 4 „exactores“, denen es obliegt, die Gewerbesteuer innerhalb der Zunft einzuziehen, je einer „de membro S. Johannis, S. Trinitatis, S. Crucis e fori veteris“ genommen werden soll.

[2] Legnaioli IV fol. 22, Zusätze § 72. Aus den Matrikeln und den verschiedenen „imbursationes“, d. h. den Listen der mit passivem Wahlrecht Ausgestatteten geht hervor, daſs an Zahl und Bedeutung damals die cassettarii die anderen membra weit übertrafen.

[3] Chiavaioli No. I § 2.

[4] Auch die Uhrmacher (orivoli) befinden sich darunter und dies führt 1452 (Chiavaioli Stat. am Schlusse) zu einem für den damaligen Stand dieses Zweiges der Technik sehr interessanten Schiedsspruch zwischen den fabri auf der einen und den chiavaioli auf der andern Seite.

zum Eintritt in dieselbe gezwungen [1], aber sie alle scheinen sich der einmal bestehenden Zunft eingefügt und es zu keiner eignen Organisation gebracht zu haben.

7. **Correggiai e Tavolaciai** [2] (Riemer und Schildmacher).

In dieser Zunft besteht, nach dem ersten uns erhaltenen Statut, das erst aus dem Jahre 1342 stammt, ein Nebeneinander zweier gleichberechtigter Elemente, der correggiai auf der einen, der tavolacciai und scudai auf der andern Seite; zwischen beiden sind die Ämter zu gleichem Rechte verteilt. Später hat sich das Verhältnis zu Gunsten der „correggiai" verschoben; in einer Kommission, welche im Jahre 1370 zur Umlage der Steuer unter den Zunftmitgliedern eingesetzt wird, sollen 3 correggiai und 1 tavolaciaio vertreten sein [3]. 1392 erhält dies Verhältnis seine Bestätigung durch die Bestimmung des Statuts, dafs, weil die tavolaciai den correggiai an Zahl bei weitem nachständen, statt der 2 Beutel für die Wahl der consiliarii nur einer bestehen soll, so dafs die correggiai das natürliche Übergewicht ihrer Zahl auch in der Besetzung der Amtsstellen zur Geltung bringen könnten [4].

Schon oben hatte ich zu zeigen Gelegenheit, wie es den correggiai, als einziger von den niederen Zünften, bei der Reorganisation des gesamten Zunftwesens im Jahre 1348 gelungen war, sich für kurze Zeit in die Reihen der „höheren Zünfte" hineinzudrängen [5]. Andrerseits hat es auch nicht an einem Versuche gefehlt, ein Gewerbe, das bis dahin zu den artes maiores gehörte, durch Gewährung besonders günstiger Bedingungen und gröfserer Rechte, als ihm dort zu teil wurden, in die kleine Zunft hinüberzuziehen. Nach den Wirren des Ciompiaufstands haben die correggiai in der That den Versuch gemacht, sich durch Angliederung eines Gewerkes zu stärken, das zu den reichsten und mächtigsten der Stadt gehörte, der Gold- und Messingschmiede. Durch umfassende Zugeständnisse suchte man sie zu gewinnen: sie sollten ermäfsigte Matrikel zahlen und e i n e n Konsul aus ihrer Mitte stellen; würde das von den Stadtbehörden nicht gestattet, so solle wenigstens je 4 von 8 Monaten lang ein Goldschmied Konsul sein; die Wahlbeutel für den Zunftrat sollten immer zu drei Teilen mit Namen von Riemern, zu einem mit solchen von

[1] z. B. 1350 die staderai (Wagenmacher), 1405 die fibbiai (Spangenmacher).

[2] Die Matrikeln derselben sind uns nicht erhalten.

[3] Correggiai I fol. 43. Das gleiche Verhältnis waltet vor in einer im gleichen Jahre eingesetzten Kommission zur Umlage der Matrikel.

[4] ibid. fol. 67.

[5] Vgl. oben S. 32.

Goldschmieden gefüllt sein. Vorsichtig wird betont, dafs durch alle diese Bestimmungen den Rechten der „Zunft vom Marienthore“, zu der die Goldschmiede bis dahin gehörten, kein Abbruch gethan, und dafs kein Goldschmied zum Eintritt in die Zunft gezwungen werden solle; der „Zunftzwang“ also dürfe nicht auf sie ausgedehnt werden [1]. — Ein kurzer Erfolg scheint ihnen allerdings beschieden gewesen zu sein; in den Wahllisten, die uns erhalten, erscheinen in der nächsten Zeit auch die Namen von Goldschmieden [2]; aber von einem „membro degli orafi“ ist nirgends die Rede, und das Fehlen der Matrikeln macht es uns unmöglich zu konstatieren, ob wirklich eine Aufnahme von Goldschmieden in gröfserer Zahl stattgefunden hat.

8. **Corazzai e Spadai** [3] (Harnisch- und Lanzenmacher).

Zur Zeit der Abfassung des ersten Zunftstatuts im Jahre 1321 bilden nur die Harnischmacher und Harnischfeger zusammen die Zunft [4], während die Lanzenmacher damals noch zur Zunft der Schmiede gehören. Im Laufe des Jahrhunderts, wahrscheinlich nach dem Aufstande der Ciompi im Jahre 1378 müssen sich die Spadai von der Schmiedezunft losgelöst und derjenigen der Harnischmacher angegliedert haben [5]; und zwar zunächst in der Weise, dafs die beiden Gewerbe wohl eine politisch-militärische Einheit bilden, aber unter getrennter Verwaltung und Obrigkeit leben, getrennte Statuten haben.

An Stelle dieser beiden getrennten Statuten tritt nun im Jahre 1406 ein gemeinsames: fortan sollen beide Gewerke nur e i n membrum bilden und die Handwerker des einen auch das Gewerbe des andern betreiben dürfen.

Neben den beiden in Pflichten und Rechten, in der Ämterbesetzung und der Steuerverteilung völlig gleichgestellten Berufen bilden eine zweite Kategorie in der Zunft die „Lanzen- und Harnischfeger“ (forbitores, arrotatores, brunitores spadorum et corazzorum), über deren Organisation wir nichts anderes

---

[1] Correggiai I fol. 54.

[2] z. B. Mercanzia 201, Liste vom 14. April 1382: 39 corregiai und 12 orafi. Später verschwinden sie auch wieder aus diesen Listen.

[3] Auch hier fehlt die Matrikel.

[4] Sie bezeichnen sich (Corazzai I § 1): artis corrazzariorum et forbitorum elmorum, gamberolorum, lameriarorum et aliarum rerum spectantium ad hanc artem et facientium corazzas, lamerias, starios de ferro, elmos, bucinectos, gamberolos, testerias et alia laboreria ad ipsam artem spectantia et ipsa arma et laboreria vendentium et ad vendere tenentium.

[5] S. u. S. 43. Die sonst fast überall erhaltenen Zusätze und Änderungen der Statuten sind uns hier zwischen 1321 und 1406 verloren gegangen und so erfahren wir direkt nichts über die innere Entwicklung der Zunft in dieser Zeit.

erfahren, als dafs sie zwar in den Matrikeln getrennt von den eigentlichen „Meistern“ (magistri) eingetragen werden, auch das Gewerbe der Anfertigung von Schwertern und Harnischen nicht betreiben dürfen, sonst aber in Rechten und Pflichten jenen „Meistern“ völlig gleichgestellt sind. Social und wirtschaftlich von diesen abhängig — durften sie doch nur als deren Hilfskräfte und nicht für eigne Rechnung arbeiten — hatten sie es trotzdem, in Florenz ein seltner Fall, durchgesetzt, jenen innerhalb der Zunftorganisation völlig gleichgestellt zu werden.

Eine dritte Klasse endlich bilden in der Zunft die „armanioli“ (Waffenhändler[1]), die hier eine ähnliche Stellung einnehmen, wie sie den Goldschmieden in der Riemerzunft zugedacht war: auch sie, ursprünglich zur Zunft vom Marienthore gehörig, dürfen in die der Harnischmacher aufgenommen werden, unter der Bedingung, dafs sie nur dieselben Waffen verkaufen, die ihnen auch in der andern Zunft zu verkaufen erlaubt war: sie handeln durchaus mit eingekaufter Ware; der Betrieb des Harnisch- und Speerschmiedehandwerks ist ihnen streng verboten.

9. **Fabri** (Schmiede und Schlosser).

Der Gröfse und Bedeutung dieser mächtigsten unter den Zünften der Holz- und Metallverarbeitung entspricht ihre weit reichere Gliederung, vielseitiger sowohl, was die organisierte Arbeitsteilung, als was die Abstufung der Rechte und Pflichten innerhalb des Zunftorganismus betrifft. Die sehr gut und relativ vollständig erhaltenen Matrikellisten gewähren uns aufserdem einen weit besseren Einblick in Werden und Wandlungen der Zunft im 14. Jahrhundert als es bei den bisher betrachteten möglich war.

Mit den Worten: Ars fabrorum dividatur et distinguatur per membra hoc modo wird im Eingangsparagraphen des ersten aus dem Jahre 1344 stammenden Statuts ein langes, sehr detailliertes Warenverzeichnis[2] eingeleitet und am Schlusse

---

[1] Corazzai e Spadai II § 27 und 28.

[2] Fabri I § 1. Um einen Begriff von der ungemeinen Reichhaltigkeit derselben zu geben, lasse ich es hier wörtlich folgen:

Facientes bumeros, marcas, vangas, secures, manuarias, segas, stateras, succhiellos, martellios et madrellos, moschettas, palettas, catenas ... sit unum membrum et nominetur membrum artis grossae (gewöhnlich fabri grossi genannt).

Ferratores, manischalchi et facientes ferros et chiovos equorum, mulorum, asinorum et bovum, sint ferratores.

Facientes frena, calca, fibulas, bullas, acus, spangas, puntales, et ferra pro corregiis, pro spatis et cultellis et ferramentis et pro forzeriis et catenellis et stagnatais sint frenarii et fibiarii.

jeder Kategorie von Waren das membrum genannt, dessen Mitglieder ihre Herstellung betreiben. Es sind 1. fabri grossi, 2. ferratores, 3. frenarii et fibiarii, 4. coltellinarii, 5. spadarii[1], 6. cervellerarii (1. Grobschmiede, 2. Hufschmiede, 3. Zaum- und Spangenmacher, 4. Messerschmiede, 5. Lanzenschmiede, 6. Helmschmiede). Diesen 6 „membra" entsprechen 6 Konsuln, 12 Ratsleute und 18 Beigeordnete, die zur Wahl neuer Konsuln dem ständigen Zunftrat zugesellt wurden. — Hier zum ersten Male zeigt sich eine gewisse Selbständigkeit der einzelnen membra auf dem Gebiete des Steuerwesens. Denn, heifst es in § 80, da ein „membrum" für seine speciellen Zwecke oft Ausgaben mache, die unbilligerweise dann von der ganzen Zunft getragen würden, so sollten von jetzt an der dem betreffenden membrum angehörige Konsul zusammen mit den beiden Ratsleuten desselben, und falls momentan kein Konsul aus jenem membrum vorhanden[1], die Ratsleute mit 6 Beigeordneten eine Steuer unter den Mitgliedern desselben umlegen. So haben z. B. die ferratores bestimmte Zahlungen für ein Hospital zu machen, das ihnen allein gehört.

Wir sehen also: zum Zwecke einer gerechteren Verteilung der Steuern und Verwaltung der Zunftfinanzen wird den einzelnen „Abteilungen" der Zunft eine gewisse Selbständigkeit gewährt, indem sie als Organe finanzieller Selbstverwaltung unter den jeweilig von ihnen im Gesamtvorstand der Zunft befindlichen Mitgliedern konstituiert werden.

An diesen Formationen scheint die weitere Entwicklung während des 14. Jahrhunderts nur wenig geändert zu haben. Nur die spadarii, die Lanzenmacher, zweigen sich von der Zunft ab und werden derjenigen der corazzai angegliedert[2]; die Berufsarten dagegen, die im Laufe des Jahrhunderts dem

---

Facientes cultellos cuiuscumque condizionis et ignis, forfices, rasorios et facientes manicas pro gladiis vel coltellinis et arrotatores et tenentes ruotas pro arrotando ferros, incisoria, et alia ferramenta, sint coltellinarii.

Facientes enses, quadrellos et spuntones, pomeselsas(?), doratores cultellorum et spuntorum cultellinorum sind spadarii.

Facientes elmos, cappellos, crescutas, baccinettas, cervellerias sint cervellarii.

In einer Zunftliste von 1354 zähle ich 22 verschiedene Berufe der Eisenbearbeitung. Dabei ist dieselbe noch in 4 anderen Zünften vertreten!

[1] Dies beweist, dafs nicht immer jedes membrum im Vorstand der Zunft vertreten war, sondern wohl gemeinsame Wahlbeutel für alle membra bestanden. Näheres über den Wahlmodus erfahren wir hier nicht.

[2] Wann dies geschehen, ist mit Sicherheit nicht zu sagen, da die Statuten nichts darüber berichten. In den Matrikeln hört um 1380 die Aufnahme von spadarii in die Zunft in gröfserer Menge auf und sie erscheinen nur ganz vereinzelt. Vielleicht hängt auch dieser Vorgang mit den Wirren des Ciompiaufstands zusammen. Vgl. oben S. 41.

Zunftzwang der Schmiedezunft unterstellt wurden, wie die „Pferde- und Mauleselhändler“ [1] 1375, die „Verleiher von Mauleseln [2]“ 1379, die „Kohlenverkäufer [3]“ 1378, scheinen es nicht zur Bildung eigner membra gebracht zu haben. Sie zahlen kein Eintrittsgeld, sondern stellen jährlich Bürgschaft, wie alle jene Gewerbe, die der Aufsicht der Zünfte unterstellt sind, um den geordneten Betrieb der Hauptgewerbe in denselben aufrecht zu erhalten.

10. (**Vinattieri** und) **Albergatori** (Weinschenken und) Gastwirte.

Im Gegensatz zu den bisher betrachteten Zünften haben wir es bei der Zunft der Gastwirte nicht mit einem zusammengesetzten Gebilde zu thun, das verschiedene mehr oder minder mit einander verwandte, durch gesellschaftliche Arbeitsteilung aber getrennte Gewerbe umfaſst, sondern ihre Zunft ruht auf dem Grunde gewerblicher Einheit und sie scheidet sich in membra — abgesehen von der lokalen Sonderung in 3 Bezirke (conventi), die sich auch hier findet — nach dem Umfange des Betriebs der einzelnen wirtschaftenden Individuen. Der Gewerbebetrieb der „albergatores“ im weitesten Sinne umfaſste damals etwa die gleichen Thätigkeiten, die wir noch heute, wenigstens in ländlichen Herbergen, finden: Aufnahme und Verpflegung von Mensch und Tier. Aber innerhalb dieses Rahmens macht sich damals eine echt mittelalterliche Scheidung geltend, die dann, wie stets, rechtlich fixiert, zur Abstufung von Rechten und Pflichten sich auswächst; neben denen, die das Gewerbe in seinem ganzen Umfange betreiben, finden sich Gruppen solcher, die nur einen oder mehrere Zweige desselben ausüben; und so scheidet sich die Zunft der Gastwirte in diejenigen, die Mensch und Tier verpflegen und verköstigen, solche, die nur Menschen oder nur Tiere aufnehmen, solche endlich, die verpflegen, ohne zu beherbergen oder beherbergen ohne zu verpflegen [4], also entweder

---

[1] Fabri I fol. 80.
[2] Fabri I fol. 85.
[3] Fabri I fol. 87. Interessante Beispiele dafür, welche Momente damals für die Einreihung der verschiedenen Gewerbe unter den Zunftzwang der einzelnen Zünfte maſsgebend waren. Weil die Schmiede den Hufbeschlag besorgten, wurden die Pferdehändler ihrer Aufsicht unterstellt!
[4] Albergatores Statut I (vom Jahre 1324) § 2. Diese Bestimmungen muſsten notwendigerweise zu heftigen Konflikten mit der Zunft der vinattieri führen, die für sich das Monopol des Weinschanks (vendere vinum ad minutum) in Anspruch nahmen und bei der abnormen Betriebssteuer, die sie zu zahlen hatten (50 % des Verkaufspreises!), ein doppeltes Interesse daran hatten, die Kontrolle über den Weinschank nicht aus ihren Händen zu lassen. Die kontinuierlichen Streitigkeiten haben zu

nur Wirte oder nur gewerbsmäfsige Vermieter von Zimmern oder Ställen sind. Dementsprechend gliedert sich die Zunft in je ein membrum albergatorum maiorum — mediocrum — minorum und nach dem Umfang des Gewerbes ist auch Matrikel und Steuer in Stadt und Land abgestuft.

Neben diesen eigentlichen „membra“ ist der Zunft noch eine Reihe von Gewerben angegliedert; alle diejenigen nämlich, die sich mit der Zubereitung oder dem Verkauf von Nahrungs- und Genufsmitteln beschäftigen, wie die Köche (cuochi), Höker und Hökerinnen (treccones, trecculae), Geflügelhändler (pollaioli). Zur Bildung von Sonderorganisationen in der Zunft haben sie es nicht gebracht, und erst im Jahre 1509 werden in einem letzten ausführlichen Statut die Bedingungen ihres Eintritts genauer festgesetzt: die membri maggiori sollen 40 lb., die mezzi 20 lb., die minori 12 lb., die vinattieri und cuochi 5 lb., die pollaioli 40 s. zu zahlen haben [1].

11. Rigattieri, linaioli (e sarti) [Trödler, Leinenhändler (und Schneider)].

In den ersten uns erhaltenen Statuten der Kommune von 1321 [2] finden wir am Schlusse des Kapitels, das von der Wahl der Zunftkonsuln handelt, den Satz ausgesprochen, dafs Trödler und Leinenhändler stets eine Zunft bilden sollen, wie das durch Ratsbeschlufs des Jahres 1299 festgesetzt sei. Ist uns dieser Beschlufs auch in den Ratsprovisionen selbst nicht erhalten, so haben wir doch keinen Grund an der Richtigkeit der Angabe zu zweifeln. Thatsächlich erwähnt das Zunftverzeichnis der Ordinamenta justiciae nur eine Zunft der

---

einer Reihe von Schiedssprüchen geführt, so z. B. 1350 zu Gunsten der albergatores, dafs sie „vinum signatum et gabellatum vendere possint“ (Alberg. IV fol. 33), während 1355 den vinattieri verboten wird Essen zu verabreichen (Vinatt. IV fol 21). Nach einem erneuten Schied vom Jahre 1377, der den Gastwirten wenigstens die Pflicht auferlegt zu den Ausgaben der Weinschenken, vor allem der Zahlung der gabella beizusteuern, wird 1408 der Ausweg gefunden, der allein dauernd die Frage zu lösen imstande war: dafs die albergatores sich bei den vinattieri und umgekehrt gegen ermäfsigtes Eintrittsgeld immatrikulieren lassen und dann auch deren Gewerbe treiben dürfen, von den Ämtern aber ausgeschlossen sind, also — um an moderne Verhältnisse zu erinnern — als „aufserordentliche Mitglieder“ aufgenommen werden können (Alberg. III fol. 172 f.). Die Stadtstatuten von 1415 [II 228] erkennen scheinbar diesen Zustand nicht an, indem sie die alten Bestimmungen zu Gunsten der albergatores wiederholen. Dies erklärt sich aus der oft beobachteten Thatsache, dafs in derartigen Kodifikationen des Mittelalters Bestimmungen, die längst keine Geltung mehr hatten (hier sind es Wiederholungen aus den Statuten von 1321 und 1355), noch als zu recht bestehend Aufnahme fanden.

[1] Alberg. III fol. 198.

[2] Stat. comm. v. 1321 I 80, wiederholt 1355 I, 7 und 1415.

rigattieri, und das zwei Jahre darauf abgefaſste Statut dieser Zunft läſst sie als einheitliche Korporation unter dem Regiment zweier Konsuln erscheinen: homines Artis ementium et vendentium pannos et pelles veteres[1].

Auch nachdem die Angliederung der offiziell 1293 noch nicht anerkannten Zunft der linaioli an die rigattieri erfolgt war, beide von da an nur 2 membra der gleichen Zunft bildeten, dauert es noch fast ein halbes Jahrhundert, ehe aus der militärisch-politischen eine wirkliche Verwaltungsgemeinschaft geworden ist, beide Teile innerlich zu einem Körper verwachsen sind. Schon der Umstand, daſs die Stadtstatuten von 1321 es für nötig halten, ausdrücklich auf die Zusammengehörigkeit beider Glieder hinzuweisen, während sie sonst über die innere Organisation der Zünfte gar nichts berichten, mag als Beweis gelten, daſs man damals noch das Auseinanderfallen beider Teile fürchtete und dem durch statutarische Bestimmungen vorbeugen zu müssen glaubte[2]. Einen weiteren Beweis liefert uns die Thatsache, daſs beide membra noch in der ersten Hälfte des 14. Jahrhunderts völlig getrennte Statuten haben, die nicht einmal zu gleicher Zeit entstanden sind; aus den Jahren 1317 und 1324 sind uns Statuten der rigattieri, aus dem Jahre 1318 solche der linaioli erhalten. Während aber die Leinenhändler ihre Zugehörigkeit zur Gesamtzunft deutlich in den Worten ausdrücken: (vendentes pannos lineos et pannos veteres) videlicet pro membro vendentium pannos lineos[3], geberdet sich der Teil der Gesamtzunft, der die rigattieri umfaſst, noch ganz als selbständiger, unabhängiger Organismus: artis rigatteriorum sive ementium pannos et pelles veteres et alias res ad eorum artem spectantium[4]. Hier suchen wir daher auch vergebens in ihren Specialstatuten nach irgend welchen Andeutungen, die uns über ihr Verhältnis zu dem Neben-membrum und ihre Stellung innerhalb der Gesamtzunft Aufschluſs geben könnten, während uns das Statut der linaioli darüber manche interessante Nachricht giebt. Die Mitglieder des membrum linaiolorum stehen unter der besonderen Jurisdiktion und Aufsicht der beiden aus ihrer Mitte gewählten Konsuln; „denn“, heiſst es, „das gesamte Amt der Konsuln lieſse sich nur schwer zusammenbringen und darunter litten

---

[1] Stat. Rig. I 1. Daſs Villani (V 13) unter den 5 artes „mediae“, die 1282 sich konstituiert, auch die baldrigai (ciò sono mercanti di ritaglio di panni fiorentini, calzaioli e pannilini e rigattieri) nennt, darf uns nicht irreführen, da er offenbar den Zustand, wie er zu seiner Zeit herrschte, in die Gründungszeit der Zunft verlegt.

[2] In die späteren Statuten ist der Beschluſs dann mechanisch hinübergenommen worden.

[3] Rigattieri e Linaioli III § 16. Vgl. auch § 11: Hoc est constitutum dicte artis et universitatis, quantum est pro membro vendentium pannos lineos.

[4] Rigattieri II u. III § 1.

dann die speciellen Interessen des Leinengewerbes sowohl als die Geschäfte, die sie mit der Kommune Florenz abzumachen hätten[1]. Letztere Bestimmung läfst uns darauf schliefsen, dafs auch nach aufsen hin, im öffentlichen Leben, den beiden membra eine gewisse Selbständigkeit geblieben war, die wohl vor allem in der Steuerverwaltung zum Ausdruck kam;[2] für die Wahl der Konsuln und consiliarii wird in den beiden Gewerken genau der gleiche modus innegehalten; aber jedes wählt für sich, und erst die getrennt Gewählten bilden dann für die Angelegenheiten der Gesamtzunft das gemeinsame leitende Organ[3]. Wir sehen also: Eine recht lose Vereinigung zweier gleichberechtigter Glieder, selbständig in allem, was nur die Interessen des einen Gewerbes berührt, teilweise auch in der Vertretung nach aufsen, zur politischen Einheit einstweilen mehr äufserlich verbunden, als durch innere Interessengemeinschaft: so präsentiert sich uns die Zunft der linaioli und rigattieri in ihren Statuten vom ersten Drittel des 14. Jahrhunderts.

1340 dagegen, zur Zeit der Redigierung der neuen Statuten[4], haben unter dem Druck der politischen Notwendigkeit — in die Zwischenzeit fällt u. a. die grofse Verfassungsreform des Jahres 1328 mit ihrer wesentlichen Vereinfachung des Wahl- und Beamtenapparats der Republik — die Einheitstendenzen über die früher herrschenden Sonderinteressen einen vollkommenen Sieg davongetragen: gemeinsam werden die Beamten aus der Gesamtzunft gewählt, gemeinsam verwalten sie die Angelegenheiten derselben, und die Konsuln der rigattieri sprechen Recht über Vergehen und Streitigkeiten unter den liniaoli, wie auch umgekehrt.

Zwischen beiden Prinzipien — der Vereinigung der beiden membra zu einer organischen Einheit und Verwaltungsgemeinschaft und ihrer Trennung in zwei im wesentlichen selbständige Glieder, — hat sich nun im weiteren Verlauf des Jahr-

---

[1] Stat. Rig. et. Lin. IV § 2. Quia totum officium consulatus artis vendentium pannos veteres et vendentium pannos lineos cum difficultate maxima congregatur, adeo quod negotia vendentium pannos lineos tam eorum propria quam ea, que habet facere cum communi florentino sepe remanent inexpedita et recipiunt maximam lesionem. Ideo provisum et ordinatum est, quod consules dicti membri vendentium pannos lineos absque consulibus membri vendentium pannos veteres habeant et habere intelligantur . . . circa dictum membrum et personas dicti membri plenum offitium . . . super questionibus et litibus vertentibus inter homines et personas dicti membri . . .

[2] Vgl. oben S. 19 f.

[3] Vgl. z. B. stat. lin. IV § 1.

[4] Erhalten im lateinischen Original und in einer aus dem Jahre 1357 stammenden, die inzwischen hinzugekommenen Änderungen und Zusätze mitenthaltenden italienischen Übersetzung. Zwischen 1324 und 1340 sind uns keine Bestätigungen der Statuten oder Zusätze zu denselben erhalten.

hunderts ein sehr interessanter Kampf abgespielt — trotz der erwähnten Bestimmung der Stadtstatuten und trotz der im Jahre 1340 scheinbar so festgefügten Organisation. Nachdem zunächst im Jahre 1369 beiden „membra" die gleiche Zahl der Amtsstellen gesichert war [1] — ein erster Schritt zu einer neuen Verselbständigung derselben — wird schon drei Jahre darauf der bisher noch gemeinsame Wahlkörper wieder — wie es vor 1340 der Fall gewesen war, in zwei Teile zu Wahlzwecken zerlegt [2]; das scruttinium d. h. die Auswahl derjenigen, denen das passive Wahlrecht zu verleihen ist, soll für beide getrennt vorgenommen werden. 1384, nachdem die erregten Wogen des Ciompiaufstandes wieder einer ruhigeren Entwicklung gewichen waren, erfolgt die Reaktion: fortan soll nach den Bestimmungen der „Bestätigungskommission für die Zunftstatuten (approbatores statutorum artium), die das staatliche Gesamtinteresse gegenüber den Sonderbestrebungen vertritt [3], nur noch ein Wahlbeutel sein, aus dem die 6 Konsuln, darunter auch Vertreter der unterdessen in die Zunft aufgenommenen Schneider [4], auf je 4 Monate gezogen werden sollen, ohne Rücksicht darauf, ob das Los aus dem einen Gewerbe zufällig mehr zu gleicher Zeit zum Amte riefe, als aus dem andern. Um aber einigermafsen ein Gleichgewicht herzustellen und die Aussichten, durch das Los zum Amt zu kommen, für die Mitglieder der drei Gewerke gleichmäfsiger zu gestalten, wird die Bestimmung beigefügt, dafs in jeden Wahlbeutel immer gleich viel Vertreter aus jedem der 3 membra gethan werden sollten und wenn das scruttinium diese Gleichheit nicht herbeiführe, ein nachträglicher Ausgleich erlaubt sei [5]. Auch dieser Zustand war nicht von langer Dauer;

---

[1] Stat. lin. e rig. V, Fol. 54. Ausgenommen sind diejenigen Zunftbehörden, die nur im Interesse des einen der beiden membra thätig waren, wie die mensuratores pannorum lineorum und die ponderatores lini. Zugleich wird damals die Einteilung in 4 conventus aufgehoben, sodafs von jetzt an die conventus terme et fori veteris mit dem membrum rigatteriorum, die conventus fori novi und S. Petri Buonconsigli mit dem membrum linaiolorum zusammen fallen sollen.

[2] Ibid. Fol. 58. Interessant ist die Begründung: quod homines unius et eiusdem artis sive ministerii se melius invicem cognoscunt quo cognoscantur ab aliis.

[3] Poehlmann S. 40 ff.

[4] Stat. Rig. e Lin. V 82.

[5] Ibid V 98. Quod deinceps omnia scruptinea dicte Artis rigatteriorum, linaiolorum et sartorum de mercatoribus et artificibus dicte artis referendis ad offitiales mercantie civitatis Florentie pro scruptineis faciendis pro offitio consulatus dicte artis fiant .... de omnibus membris dicte Artis una et eadem die. Ita quod consules et arroti deputandi ad faciendum huiusmodi scruptineum sint pro rata de quolibet membro rigatteriorum, linaiolorum et sartorum, prout tangetur per ordinamenta dicte Artis. Et ita, quod illi, qui soliti sunt deputari ad faciendum scruptineum membri rigatteriorum, et illi qui soliti sunt .... linaiolorum et illi qui soliti sunt .... sartorum pro eorum ratis faciant unum corpus.

schon im Jahre 1405 versuchte man es mit einem neuen Kompromiſs: Die Anfüllung der Wahlbeutel solle von jetzt an prozentual nach der Stärke jedes membrum erfolgen (pro rata de quolibet membro), aber, wie es scheint — die Bestimmung ist etwas unklar gefaſst — sollen dann die Gewählten zusammen in einen und denselben Beutel gefüllt werden.

1446 hat endlich wieder das Princip der Trennung der membra zu Wahlzwecken gesiegt, und nachdem die sarti als selbständiges membrum wieder ausgeschieden, ist es, wie es scheint, für die Folgezeit bei zwei getrennten Wahlbeuteln geblieben.

Die Aufnahme der „sartores“ in die Zunft ist deshalb von besonderem Interesse, weil sich in den einzelnen Phasen, in denen sie sich vollzieht und die wir hier einmal genau verfolgen können, ein typisches Beispiel erkennen und darlegen läſst, wie ein Gewerbe, anfangs ohne eigene zünftlerische Organisation und ohne die politischen Rechte, die diese verleiht, sich durch Angliederung an eine bestehende Zunft zu gleicher Berechtigung mit den Mitgliedern derselben emporschwingt. —

In den ersten Statuten und noch im Jahre 1350, aus dem wir ausführliche Bestimmungen über die Stellung der Sartores zur Zunft der rigattieri besitzen, sind sie dieser nur unterstellt, müssen hohe Bürgschaft geben, die ihnen anvertrauten Stoffe verarbeitet zurückzuliefern und nicht weiter zu verkaufen oder zu verpfänden[1]. 1367 wird ihnen die Matrikel geöffnet, d. h. der fakultative Eintritt in die Zunft gewährt[2]; aber noch bleibt ihnen das Konsulat und die anderen Ehrenstellen verschlossen und der Betrieb des Gewerbes der rigattieri und liniaioli wird ihnen nur gegen Nachzahlung erhöhten Eintrittsgelds gestattet. Nun folgt die weitere Entwicklung Schlag auf Schlag in schnell wechselnden Phasen; die Furcht durch Nichtgewährung von Zugeständnissen die wichtigsten Arbeitskräfte zu verlieren, zwang die Zunft zu neuer gröſserer Nachgiebigkeit[3]. 1370 wird ihr Eintrittsgeld auf $1^1/_2$ fl. festgesetzt und ihnen eine von den übrigen gesonderte Matrikel bewilligt[4],

[1] Stat. Rig et Lin. V 34. Ganz ähnliche Bestimmungen finden wir für die sartores in Pisa.

[2] Lin et Rig. V 49 qui sponte in ipso libro matriculari volunt.

[3] Bezeichnend dafür ist vor allem die Begründung des Beschlusses von 1369 (ibid V 52). Item cum omnes sartores civitatis florentie sint suppositi arti predicte per formam cuiusdam reformationis consiliorum populi et communis florentie et censeantur et censeri debeant de dicta arte et mimine matriculati sint in matricula dicte artis ex eo maxime quia nimis est eis grave solvere fl. VI auri sicut requiritur per formam statuti dicte artis et propterea sepe sepius tamquam non matriculati eligantur pro cappellanis (n. b. immatrikulierte Zunftmitglieder durften nicht zu Kaplänen gewählt werden!) et vexentur indebite .... provisum et ordinatum est .... etc.

[4] ibidem: fiat et habeatur in dicta arte unus liber matricularius pro ipsis sartoribus tamquam membris dicte artis.

womit sie zugleich als membra der Zunft anerkannt werden; im nächsten Jahre[1] erlangen sie alle Rechte und Benefitien der übrigen Zunftmitglieder, und nur die Ausübung der Gewerbe der Leinenhändler und Trödler bleibt noch an die Bedingung der Nachzahlung von 5 fl. geknüpft. In den folgenden Jahren wird dann der Anteil, den sie an den einzelnen Ämtern und Ehrenstellen haben sollen, bis ins einzelne genau bestimmt: zu den 4 bisherigen Konsuln soll ein fünfter, zu den 10 Ratsmännern zwei weitere aus ihrer Mitte treten, jeder dritte Kämmerer der Zunft aus ihren Reihen genommen werden u. s. w.[2] Endlich wurden ihnen 2 Jahre später die Rechte eines eignen membrum zugestanden, nachdem sie bis dahin bei den Wahlen zu gleichen Teilen auf die Wahlbeutel der linaioli und der rigattieri verteilt worden waren[3].

Es ist der Höhepunkt ihrer Rechte: Der verfehlte Versuch, nachdem sie so weit gekommen waren, während des Ciompiaufstands zusammen mit den farsettai, barbieri, den cimatori u. a. eine eigne Zunft zu gründen, hatte nach ihrer definitiven Rückkehr in die Zunft der rigattieri und linaioli eine geringe Schwächung ihrer Stellung in derselben zur Folge: von jetzt an wird ihnen nur der siebente Teil aller Amtsstellen zugebilligt und ihre Arbeiter, die zum grofsen Teil aus weiter Ferne kamen — auch die Matrikel lehrt uns, dafs viele von jenseits der Alpen in die modeliebende Stadt strömten — werden einer genauen Kontrolle der Zunft unterstellt und müssen Bürgschaft stellen, ohne irgendwelche Rechte zu geniefsen; erst als Meister treten sie dann in die Zunft ein[4]. 1389 wieder eine geringe Steigerung ihrer Rechte -- sie sollen von jetzt an statt des siebenten, den fünften Teil aller Ämter besetzen; dann aber scheinen sie allmählich ihre Stellung als selbständiges membrum wieder eingebüfst zu haben. 1449[5] sind an die Stelle der 3 Beutel zu Wahlzwecken wieder 2 getreten; und als 1458[6] wegen des starken Sinkens der Zahl der Zunftmitglieder auch die Zahl der „consiliarii“ auf 6 herabgesetzt wird, finden nur noch 3 rigattieri und 3 linaioli unter

---

[1] ibid. fol. 54: quod quilibet sartor, qui matriculatus fuerit in dicto libro gaudeat et potiatur omnibus privilegiis et benefitiis sicut alii matriculati in dicta arte . . . .

[2] Rig. et Lin. V Fol. 60 v. Jahre 1374.

[3] Rig. et Lin. V Fol. 62.

[4] Rig. Lin. e Sarti V Fol. 73. Considerantes, quod maior pars et quasi omnes laborantes . . . . cum sartoribus sint forenses ultramontani et nihil aut modicum habent in bonis et multotiens recedunt cum pannis eis datis ad suendum . . . . Als Herkunftsbezeichnungen finden sich u. a. Deutschland, Frankreich, England, Polen, Brabant, Flandern, Ungarn, Osterreich — Orbergen (?) Hof, Toulouse, Rouen, Malines, Macon; daneben fast alle bedeutenden italienischen Städte.

[5] Rig. Lin. e Sarti V Fol. 148.

[6] ibid. Fol. 159.

denselben Platz; nur in der Matrikel werden die sarti nach wie vor getrennt aufgeführt und der reiche Zuzug von jenseits der Berge sichert ihnen bei den prachtliebenden Florentiner Reichen eine feste und geachtete Stellung[1].

Was die sarti wenigstens für ein halbes Jahrhundert sich erkämpft hatten — die Anerkennung als vollberechtigte Zunftmitglieder — dazu haben es andere Berufe, die von Anfang an sich in ähnlich von der Gesamtzunft abhängiger Stellung befanden, überhaupt nicht bringen können. Dazu gehören vor allem die Leinenwäscher und Leinenfärber, ferner die Hausierer und Hausiererinnen, die mit alten Kleidern und Fellen die Stadt durchzogen. Besonders die letzteren suchte man durch die Forderung hoher Bürgschaft um so mehr in Abhängigkeit zu halten, als sie ihr Gewerbe nicht auf eigne Rechnung, sondern im Auftrage der rigattieri betrieben, und daher Durchstechereien und Unterschlagungen bei ihnen an der Tagesordnung waren.

Gänzlich im unklaren lassen uns die Statuten über die Stellung, die die Leineweber zu der Zunft einnahmen. Ihr Schweigen beweist nur soviel, dafs das Verhältnis von Arbeiter und Händler hier durchaus privatrechtlicher Natur, durch keinerlei Ordnungen öffentlich-rechtlicher Art in feste, bindende Form gebracht war. Im Gegensatz zu Deutschland, wo gerade in der Leinenweberei zuerst die kapitalistisch-hausindustrielle Unternehmung einsetzt[2], blieb sie in Florenz hauswirtschaftliche Nebenbeschäftigung, vor allem der Frauen, ohne dafs daraus eine ökonömische Abhängigkeit von einem kaufmännischen Verleger sich entwickelte[3]; über die Befriedigung des lokalen Bedürfnisses hat der Florentiner Leinwandhandel — im Gegensatz zur grofsartig entwickelten Wollenindustrie — nie hinausgegriffen.

12. **Medici, speziali e merciai** (Ärzte, Apotheker[4] und Krämer).

Dafs Ärzte und Apotheker, besonders bei der im Mittelalter üblichen Form des Betriebs beider Gewerbe, miteinander

---

[1] Man denke nur an die stets wiederholten, aber immer unwirksamen Luxusverbote, und betrachte die Bilder Ghirlandajos im Chor von S. Maria Novella!

[2] Vgl. darüber Schmoller: Strafsburger Tucher- und Weberzunft S. 439; Gothein: Wirtschaftsgeschichte des Schwarzwalds I 519 ff.

[3] Bezeichnend ist, dafs die (ungedruckten) Stadtstatuten von 1355 (I 112) die Leineweber und -weberinnen mit den Wäscherinnen, den Walkern, den Dienern und Ammen der Aufsicht der officiales bladi unterstellen.

[4] Der Begriff der speziali ist eigentlich ein viel weiterer als der heutige des Apothekers; er umfafst ebenso die Spezerei- und Kolonialwarenhändler, Droguisten, Parfümeure etc. Nur der Kürze halber wird hier überall der Begriff „Apotheker" dafür eingesetzt.

4*

zu einer grofsen Zunft vereinigt waren, kann nicht Wunder nehmen; von gröfserem Interesse ist es, dafs wir auch die Krämer — im ersten Zunftstatut — dem Zunftverbande eingegliedert finden.

Noch in der ersten Hälfte des 13. Jahrhunderts kann diese Vereinigung schwerlich bestanden haben: in den mercatores communes, die eine Urkunde von 1235[1] neben den grofsen Handelszünften der Stadt nennt, können wir wohl nichts anderes als die späteren merciai erkennen. Allem Anschein nach war es die militärisch-politische Organisation der sieben artes maiores, die im Jahre 1266 die — weniger durch die Bedeutung ihres Berufszweigs, als durch die Zahl ihrer Mitglieder ansehnliche — Genossenschaft ihre Selbständigkeit als Körperschaft verlieren und der Zunft der Ärzte und Apotheker sich angliedern liefs. Nicht ganz ohne innere Reibungen und Konflikte ist dann die Auseinandersetzung zwischen den drei Kollegien in der Zunft verlaufen: noch 30 Jahre später haben sich die merciai nicht volle Gleichberechtigung mit den beiden andern Abteilungen der Zunft zu erkämpfen vermocht. Sie beklagen sich vor den Stadtbehörden, dafs sie zwar die Hälfte der Kosten für die Zunftfahne hätten tragen müssen, gezwungen von den Rektoren der „medici e speziali“, dafs trotzdem die Ehre des Bannerträgers nie einem aus ihrer Mitte zugeteilt worden sei; und sie setzen den Beschlufs durch, dafs „da unter ihnen reiche, ehrbare und wohlgeeignete Leute in grofser Anzahl sich fänden“, nicht nur das Zunftbanner alle drei Jahre an sie fallen, sondern immer auch einer von ihren Konsuln an den Ratssitzungen teilnehmen, also unter den „capitudines artium“ fungieren solle[2]. Aus dieser letzten Bestimmung dürfen wir wohl den Schlufs ziehen, dafs die Vorsteher der drei in der Zunft vereinigten Gewerbe bis dahin noch keineswegs zu einer Gesamtvertretung verschmolzen waren, dafs jeder nur den Teil der Zunftmitglieder zu vertreten hatte, aus deren Mitte er hervorgegangen war. Und auch jetzt noch wollen sich Ärzte und Apotheker in den Spruch der Prioren nicht fügen; sie wenden sich an den judex appellationum, und am 8. Februar 1297 wird den Prioren und dem Bannerträger der Zünfte der Auftrag erteilt, in der Streitfrage die definitive Entscheidung zu treffen[3].

Wie dieser Spruch dann ausgefallen ist, darüber wird uns nichts berichtet. Wie immer er auch gelautet hat, jedenfalls ist es den Krämern 14 Jahre später zur Zeit der Abfassung des ersten Statuts der Gesamtzunft gelungen, volle Gleichberechtigung mit den beiden anderen „membra“ derselben zu

---

[1] Santini l. c. p. 419.
[2] Vgl. Anhang Urkunde IV.
[3] Prov. VII 76. Zu dem ganzen vgl. Perns III 275.

erobern, nachdem sie eine Zeit lang gleichsam nur Mitglieder zweiten Grades gewesen waren. Von den 6 Konsuln werden wohl, wenn dies auch im Statut nicht ausdrücklich festgesetzt ist, je zwei aus jedem der drei Gewerbe genommen worden sein; ebenso wie eine zusätzliche Verordnung vom Jahre 1316 dies für die Wahl der consiliarii bestimmt[1].

Mit der Einteilung in die drei membra ist die Gliederung der Zunft aber bei weitem nicht erschöpft. Unter dem Namen der „Krämer“ faſste man damals, wie noch heute in kleinen Städten, eine ganze Reihe später getrennter Erwerbsarten zusammen: für alle täglichen Bedürfnisse an Nahrung und Kleidung, Schmuck und Hausrat hatten sie zu sorgen. So kam es, daſs gleichsam im Rahmen der allen gemeinsamen Betriebsform sich eine Reihe von Berufen zu gesonderter Organisation, zu engeren Verbänden zusammenthat[2], die losgelöst von dem politischen Zwange der Gesamtzunft und den immer noch halbpolitischen, an der Verwaltung der gemeinsamen Angelegenheiten direkt beteiligten Hauptabteilungen, ein ganz ihren wirtschaftlichen Sonderinteressen gewidmetes Dasein führten. Daſs eine Reihe solcher Teilorganisationen in der Zunft bestand, die dann wohl auch als „membra“ hie und da bezeichnet werden, beweist das Kapitel des Statuts, das von der Wahl der Steuerbeamten (impositores) in der Zunft handelt und in dem die pizzicagnoli[3] (Materialwarenhändler) borsarii (Börsenhändler) und cuffiarii (Haubenmacher) genannt werden[4]. Während aber über die Sonderorganisation dieser 3 Gewerbe aus den Statuten nichts näheres bekannt ist, sind wir über diejenigen zweier anderer durch einen günstigen Zufall aufs beste unterrichtet.

---

[1] Das gleiche wird im Statut selbst für die „arroti“ festgesetzt.

[2] Möglicherweise haben alle diese Berufszweige ursprünglich einmal gesonderte Organisationen gebildet und sind erst allmählich in die Zunft der merciai eingemündet.

[3] Diese werden auch in dem Paragraphen des Statuts, der von dem Eintrittsgeld handelt, besonders genannt Es werden unterschieden: qui principaliter faciunt dictam artem und die pizzicanioli et alie debiles personae, qui principaliter tenentur ad aliam artem et aliam artem faciunt, et huic arti tenentur vel tenebuntur pro eo quod aliquam particulam seu membrum huius artis faciunt vel facient. Die pizzicagnoli bilden bekanntlich zusammen mit den oliandoli und einigen andern verwandten Berufen *eine* Zunft. Über Doppelzünftigkeit an andrer Stelle.

[4] Allerdings erscheinen sie hier *neben* den 3 Hauptmembra genannt (et quod ipsi impositores esse debeant de quolibet membro dicte artis evenerit, videlicet medici, speziarii, merciarii, pizzicanioli, borsarii et cuffiarii). Daſs trotzdem die 3 letztgenannten nur Unterabteilungen der merciarii waren, scheint aus den Matrikellisten hervorzugehen, in denen z. B. die borsarii und cuffiarii als eigene Abteilung unter der Bezeichnung erscheinen: quidam *merciarii*, qui faciunt emunt et vendunt et operantur bursas, cirothecas, infulas farsatas, cappella et stagnata et alia faciunt et exercent *ad membrum merciariorum spectantia memoratum*.

Es handelt sich zunächst um das membrum sellariorum (die Sattler), oder wie es sich selber nennt: membrum illorum merciariorum, qui coperiunt, arredant sive corredant, faciunt laborant et emunt et vendunt sellas et alia faciunt ad membrum spectantia memoratum: ihre Sonderstatnten sind dem ersten Band der Zunftstatuten angehängt. Wir sehen sie organisiert unter einen jährlich aus ihrer Mitte gewählten officialis, der die Mitglieder des „membrum" schwören läſst, ihre Streitigkeiten schlichtet, in engen Grenzen eine Dispositiv- und Strafgewalt über sie ausübt. Ein Kämmerer und 2 consiliarii stehen ihm zur Seite. Von allen Geldstrafen, Zahlungen, Eintrittsgeldern — und dies ist die einzige Bestimmung, die das Verhältnis dieser Sonderorganisation zur Gesamtzunft berührt, — fällt die Hälfte an das membrum sellariorum, die Hälfte — mit Übergehung des membrum merciariorum — direkt an die Gesamtzunft.

Auch von den speziali hat sich ein Teil zu selbständiger Organisation abgezweigt und sich eigne Statuten gegeben, die uns an der gleichen Stelle, wie die der Sattler, erhalten sind. Sie bezeichnen sich als „illi speziarii, qui emunt et vendunt et operantur aurum et argentum et stagnum battutum, collam, biaccham, azurrum, cincibium et alios colores; während sie in der Matrikel als spetiarii, qui emunt, vendunt et operant colores et alia ad membrum p i c t o r u m spectantia memoratum" auftreten: ein Begriff, für den sich schwer ein moderner adäquater Ausdruck finden lassen wird; noch begann sich ja die Malerei als Kunst langsam erst vom Handwerk abzulösen, war die Verwendung (operantur) von Farben zu Zwecken der Malerei und der Handel mit denselben (emunt et vendunt) vielfach in denselben Händen vereinigt [1]. Als Grund ihrer Sonderorganisation geben diese „Maler und Farbenhändler" an, daſs infolge der hohen von der Kommune umgelegten Steuer [2] ihr „membrum" mit starken Ausgaben belastet sei; daher fordern sie — auſser des der Gesamtzunft zu zahlenden — zur Bezahlung der gabella ein Eintrittsgeld von den neu Hinzukommenden, von dessen Erträgnis auch der „officialis" und die Ratsleute, die an ihrer Spitze stehen,

---

[1] Ausführlicheres über diese auch für die Kunstgeschichte nicht uninteressante Erscheinung an anderer Stelle. Zu dem membrun pictorum zählen nach der Matrikelliste nicht nur die bekannten Maler der damaligen Zeit, sondern auch Vertreter anderer „liberaler" Berufe, wie vor allem Dante.

[2] Es ist die an anderer Stelle (S. 28 f.) ausführlich dargestellte gabella artium von 1320, und wir sehen hier an einem interessanten Beispiel, wie das Herausholen der membra aus der Umspannung der Gesamtzunft und ihre Inanspruchnahme für einzelne (finanzielle) Zwecke der Stadt, innerhalb dieser membra selbst zu Sonderorganisationen und bald unterdrückten Selbständigkeitsbestrebungen führt.

ihren Lohn erhalten. Zur weiteren Ausarbeitung der schon sehr ins technische Detail gehenden Statuten wird eine Kommission von 4 Handwerkern aus dem membrum eingesetzt[1]. Wie bei den Sattlern fällt von allen Zahlungen und Strafen, die aber die Höhe von 5 lb. nicht übersteigen dürfen, die Hälfte an das membrum, die andre an die Zunft; so bringt jenes, korporativ organisiert, die ihm zufallende Steuerquote auf und entrichtet sie mit Umgehung des membrum der speziali und der Gesamtzunft direkt an die Kommune. Was dem der Zunft organisch eingefügten membrum der speziali fehlt, ist hier in dem loser angegliederten Unter-membrum vorhanden: eine gewisse gerichtliche und finanzielle Sonderverwaltung; dagegen steht jenes besonders durch die Bestimmungen über die Wahl der Beamten in direkter Beziehung zur Verwaltung der Gesamtzunft, während davon bei dieser engeren Genossenschaft nicht die Rede sein kann.

Die Statuten der anderen membra, die wir uns wohl in ähnlicher Weise organisiert vorstellen dürfen, sind uns, wie gesagt, leider nicht erhalten. Dafs sie aber wenigstens seit dem Jahre 1320 existiert haben, geht aus der mit grofser Sorgfalt und Ausführlichkeit geführten Matrikel hervor, die uns aufser den schon erwähnten noch die borsarii[2] und forzernarii[3] nennt; statt des langen oben genannten Titels der „Farbenhändler" u. s. w. erscheint seit dem Jahre 1343 der einfachere der pictores oder dipintori[4].

Erst im Jahre 1344 hat sich die Zunft ein zweites Statut gegeben, das mannigfache Veränderungen gegenüber dem ersten von 1310 erkennen läfst. Die Scheidung zwischen den 3 Haupt-membra der Ärzte, Apotheker und Krämer ist zwar beibehalten, aber weit genauer als 1310 werden wir über die zwischen ihnen festgesetzte Teilung der Ämter und Rechte unterrichtet. In der Thatsache, dafs die beiden kaufmännischen Berufe innerhalb der Zunft jetzt die doppelte Anzahl der Ämter besetzen als der liberale, spiegelt sich das veränderte Machtverhältnis der drei membra, zugleich aber eine Entwicklungstendenz der Zeit wieder, die in der Episode des Herzogs

[1] Cum omnes pene (= poenae) non possint declarari ad presens, ordinamus quod possit et liceat universitati membri predicti eligere 4 bonos et legales homines de dicto membro, qui possunt declarare dubia dicte artis, quae invenerint et facere provisiones de salario et aliis rebus . . .

[2] Merciarii, qui faciunt, emunt et vendunt et operantur bursas, cirothecas, infulas farsatas, cappellatas et stagnatas et alia faciunt et exercent ad membrum merciariorum spectantia memoratum.

[3] Merciarii qui faciunt et emunt vaginas et forzerinos et alia faciunt et exercent ad membrum spectantia memoratum.

[4] Bis dahin werden nur relativ selten Immatrikulierte des membrum ausdrücklich als pictores bezeichnet; z. B. von 74 bis zum Jahre 1320 Immatrikulierten nur 7.

von Athen, ihren schärfsten Ausdruck gefunden hat, die dann unter den Einwirkungen der schwarzen Pest von 1348 weitere Fortschritte machte. Man könnte sagen: Majorität ist an Stelle von Autorität, das demokratische Recht der gröſsten Masse an Stelle des aristokratischen der gröſsten Achtung getreten; oder konkreter gesprochen: der kaufmännische Geist durchdringt so alle Schichten der Bevölkerung, daſs alles, was nicht unmittelbar und in allen Poren von ihm erfüllt ist, im politischen Leben an die zweite Stelle oder tiefer noch hinabgedrängt wird[1]. Und in derselben Richtung bewegt sich nun während der nächsten dreiſsig Jahre die Entwicklung weiter: Zurückdrängen des Einflusses der medici, Emporschnellen desjenigen der Handel- und Gewerbetreibenden in der Zunft; bis diese Bewegung kurz vor 1378 ihren Höhepunkt erreicht und auch hier, wie in andern Zünften, langsam eine Rückströmung eintritt.

Hier ist zunächst der etwa um diese Zeit einsetzende groſse Einfluſs zu erwähnen, den die Mercanzia[2], das genossenschaftliche Tribunal der fünf groſsen Florentiner Handelszünfte, gerade um jene Zeit im Wirtschaftsleben der Stadt auszuüben begann, indem sie dadurch auch für die Entwicklung der Einzelzünfte von gröſserer Bedeutung ward[3]. Hier aber konnten die Interessen der medici naturgemäſs nur eine untergeordnete Rolle spielen; nur Vertreter der beiden kaufmännischen Berufszweige wurden als Repräsentanten der Zunft in das Handelstribunal beordert.

In zweiter Linie kommt dann die Ausdehnung des Wirkungskreises der Zunft nach unten hin in Betracht; die Aufnahme neuer, immer niedererer Schichten der Bevölkerung in die Macht- und Rechtssphäre der Zunft. So werden 1374 die Totengräber (beccamorti) ihrer Aufsicht unterstellt[4] und sind von jetzt an, wie die Matrikel zeigt, auch vereinzelt als

---

[1] Man lese nur die Klagen darüber z. B. im Decamerone Boccaccios.

[2] Über die Mercanzia vor allem das Buch von Lastig: Quellen und Entwicklungswege des Handelsrechts, dessen ganzer die Florentiner Verhältnisse behandelnder zweiter Teil dieser Institution gewidmet ist. Leider betrachtet er sie nur, seiner Aufgabe entsprechend, vom handelsrechtlich-formalen Gesichtspunkte, und geht auf ihre wirtschaftliche Bedeutung nur ein, soweit das für seine Zwecke nötig ist.

[3] Die Zünfte auſser den Giudici e notai muſsten der Mercanzia die Listen ihrer mit passivem Wahlrecht zur Mercanzia und zum Konsulat ausgestatteten Mitglieder einreichen; die Wahlbeutel wurden auf dem Amtshaus des Handelstribunals aufbewahrt und alle 4 Monate die Auslosung der betr. Beamten dort vorgenommen. Die in diesen Wahlbeuteln enthaltenen Namen sind uns in den ungemein zahlreichen Heften der „deliberationes mercanziae" erhalten.

[4] Med. e. Spez, II, fol. 86: Als Grund wird angegeben, daſs die beccamorti sich viele Erpressungen hätten zu schulden kommen lassen und als Nicht-sottoposti dafür von den Konsuln nicht hätten bestraft werden können.

aktive Mitglieder in dieselbe eingetreten; so werden 1383 die Barbiere — nachdem ihr Versuch, mit Wamsmachern, Schneidern, Tuchglättern u. a. eine eigne Zunft zu bilden, nach vier Jahren gescheitert war[1] — in die Zunft der medici und speziali eingereiht und erscheinen seitdem in wachsender Zahl in den Matrikellisten derselben[2].

Wichtiger aber und bedeutungsvoller ist die Entwicklung, die unterdessen innerhalb der schon bestehenden Hauptabteilungen der Zunft vor sich gegangen war. Noch 1373 scheint im wesentlichen derselbe Zustand geherrscht zu haben, wie er 1349 fixiert worden war[3]; dann aber mufs der erste Schritt auf dem Wege zur weiteren Demokratisierung der Zunft bald erfolgt sein[4]. An Stelle der bisherigen Dreiteilung ist eine Vierteilung getreten, die aber nicht mehr einer vierfachen Berufsteilung entspricht; vielmehr sind die Ärzte jetzt mit den Malern (dipintori), den Goldschlägern (orpellai) und Kassenmachern (forzernai) zu einer Abteilung vereinigt; die zweite wird von den „Apothekern aufserhalb des Altmarkts", die dritte von den Apothekern auf dem Altmarkt und den „fondacai"[5], die letzte endlich von den Krämern gebildet. Die einfache Zusammenstellung zeigt die Veränderung, die vor sich gegangen: nicht nur sind die „Apotheker" jetzt auf 2 „burse" verteilt und geniefsen so nach der Technik der Florentiner Ämterbesetzung die doppelten Rechte[6]; sondern man hat auch aus dem ehemaligen membrum der Apotheker die Maler, aus dem der Krämer die Goldschläger und Kassenmacher abgetrennt und sie den Ärzten an die Seite gesetzt, wo sie allein schon durch ihre Zahl ein drückendes Übergewicht entfalten mufsten. An die Stelle der 6 früheren Konsuln waren 7 getreten, wobei es zweifelhaft bleiben mufs, in welcher Weise sich diese auf die 4 Wahlabteilungen verteilen[7].

Eine neue Reform erfolgt dann im Dezember 1378: die Konsuln der Zunft übertragen den „Otto della guardia" die Vollmacht „Ämter und Ehrenstellen gerechter als bisher nach

---

[1] Vgl. darüber unten S. 84 ff.

[2] Med. e Spez. II fol 106.

[3] Nach ausführlichen Bestimmungen über die Wahl der Konsuln und Ratsleute ibid. fol. 84 ff.

[4] Von dieser Änderung erhalten wir allerdings keine direkte Mitteilung, können sie aber erschliefsen aus dem Wortlaut der Bestimmungen, durch die die neue Änderung des Jahres 1378 eingeleitet wird.

[5] Etwa: „Besitzer von Warenlagern." Sie gehören in ihrer Masse zu der arte di Por. San Maria.

[6] Wobei allerdings zu bedenken, dafs die scruttinia, die gewisse allgemeine Grundbedingungen der Wählbarkeit nicht aufser Acht lassen durften, innerhalb der einzelnen membra einer sehr verschiedenen Anzahl von Mitgliedern das passive Wahlrecht verleihen konnten.

[7] Dem Berufe nach gehörten von den Konsuln die im Jahre 1378 den „otto di guardia" die balia reformandi übertrugen 3 den speziali, 2 den merciai, 1 den dipintori und 1 den medici an.

dem Range der Gewerbe“ zu verteilen[1]. Daraufhin wird zunächst die alte Sechszahl der Konsuln wiederhergestellt und die 4 „burse“ wieder in 3 zusammengezogen, in der Weise, daſs man aus den beiden ersten der oben genannten „Börsen“ jetzt eine machte, und nun zu den genannten Gewerben auch noch etwa die Hälfte aller Apotheker den Ärzten in ihre Wahlabteilung hineinzwängte. — Bei der Anfertigung der scruttinia sollen in jeden Wahlbeutel die gleiche Anzahl Namen eingefüllt werden und — ähnlich, wie wir es oben in der Zunft der Trödler sahen — ein nachträglicher Ausgleich erlaubt sein. Die erste dieser „Abteilungen“ aber, die jetzt die verschiedenartigsten Berufe nebeneinander umfaſste, wird ihrerseits wieder in 3 „membra“ zerlegt, deren erstes die Ärzte, deren zweites die Apotheker, deren drittes die anderen in der Abteilung vertretenen Gewerbe bilden sollen. In jedem der 3 Teilbeutel soll nach Anfertigung des Scruttiniums wenigstens der vierte Teil der in dem ganzen Beutel vorhandenen Namen enthalten sein[2].

Man glaubt es den komplizierten, gewundenen Bestimmungen anzumerken, welche Anstrengungen es kostete, das

---

[1] Med. c. Spez. II 100 ff.: che gli onori e doni della detta arte egualmente secondo il grado de' detti artefici meglio che si può si distribuiscano e aguagliansi.

[2] Indessen ist diese Änderung in der Verteilung der Rechte diesmal nicht vor sich gegangen, ohne daſs die thatsächlichen Verhältnisse, die ihre Unterlage bilden sollten, sich ihr einigermaſsen angepaſst hätten: im Anschluſs an den Erlaſs vollziehen sich Schiebungen zwischen den einzelnen Zunftabteilungen, durch die einigermaſsen das gestörte Gleichgewicht der Kräfte wieder hergestellt wird. Aus der bursa I lassen sich 30 medici und 52 speziali in die bursa II, aus dieser 1 medicus und 7 speziali in die bursa I überschreiben, — so daſs thatsächlich die medici doch immer noch etwas mehr Einfluſs entfalten konnten, als ihnen rechtlich zugestanden war. — Als Beispiel für die jetzt geschaffenen Zustände gebe ich die Resultate zweier scruttinia, wie sie uns in den Akten der mercanzia erhalten sind. Es erhielten am 17. August 1379 (Merc. 197) das passive Wahlrecht:

9	de membro medicorum, 12 de membro speziariorum fori veteris, 7 de membro pictorum .	28 für die bursa I,
49	de membro fundacariorum et speziariorum fori veteris	62 für die bursa II,
13	de membro fundacariorum et speziariorum fori novi	
37	de membro merciariorum	37 für die bursa III,
		Summa 127.

Am 14. April 1382 (Merc. 202):

5	medici, 14 speziali, 9 dipintori, 1 miniatore, 1 ingenuino (?), 3 forzernai, 1 battiloro, 5 barbieri	45 für die bursa I,
51	de membro fundacariorum etc.	51 für die bursa II,
4	ohne Berufsbezeichnung, 22 merciarii, 6 sellarii, 5 borsarii, 2 fiascarii, 3 guainarii, 1 cartolarius	43 für die bursa III.
		Summa 139.

Gleichgewicht der Kräfte innerhalb der Zunft zu sichern, eine Verteilung der Rechte nach der thatsächlichen socialen Macht herbeizuführen, wie sie allein die Grundlage einer ruhigen inneren Entwicklung bilden konnte. Der Ciompiaufstand hatte auch im Innenleben dieser Zunft, die direkt an ihm kaum beteiligt war, deutliche Spuren zurückgelassen: die speziali, und vor allem die merciai, hatten eine neue Stärkung zu Ungunsten der medici erfahren, die demokratischen Elemente über die aristokratischen gesiegt. Die Medici, die 1349 noch auf den dritten Teil aller Ämter in der Zunft Anspruch hatten, waren jetzt gesetzlich auf den neunten Teil beschränkt; in Wirklichkeit zeigen uns die Listen der Wahlberechtigten, dafs kaum der fünfzehnte bis dreifsigste Teil derer, die zu den Ämtern zugelassen waren, ihrem Stande angehörten. Ob der reaktionäre Schlufs des „demokratischen“ Jahrhunderts auch ihnen wieder eine Stärkung ihrer Stellung brachte, ist mit Sicherheit nicht zu erkennen, da die Statuten nichts davon berichten; doch dürfen wir wohl, entsprechend den Vorgängen in den anderen Zünften, wo wir klarer zu blicken vermögen, es a priori für wahrscheinlich halten.

13. **Die Zünfte der Textilindustrie** (Arte di Seta [Por. S. Maria] Calimala und Lana).

a. Einleitung.

Bevor ich das Bereich der letzten, mächtigsten und gröfsten Florentiner Zünfte betrete, habe ich einige Bemerkungen über den — gegenüber den bisher betrachteten — veränderten ökonomischen Unterbau derselben und die dadurch bedingte wesentlich modifizierte Struktur zu machen.

Alle die Zünfte, die bisher geschildert wurden, setzten sich, bei aller Differenzierung im einzelnen, im wesentlichen aus social auf gleicher Stufe stehenden Elementen zusammen. In der grofsen Masse bestehen diese meist aus Personen, die teils selbstgefertigte, teils von andern gekaufte Waren an einen lokalen Kundenkreis im einzelnen verkaufen; soweit sie Handwerker sind, mit eignen Werkzeugen eigne Rohstoffe verarbeiten, soweit sie Warenverkäufer mit eignem Kapital, auf eigne Rechnung ihre Geschäfte betreiben. Alle stehen sie auf der Produktionsstufe des mittelalterlichen Kleinbetriebs, der Kundenproduktion oder der Produktion für den lokalen, leicht zu überschauenden Bedarf; sie arbeiten mit Gesellen und Lehrlingen, die nach bestimmter Zeit zur Meisterschaft aufrücken; von einem Klassengegensatz, einer Unterdrückung oder Ausbeutung der einen durch die anderen ist nirgends etwas zu merken. Und dem entsprechend zeigt ihre Organisation in der Zunftverfassung der Stadt, wenn ich so sagen darf, nur quantitative, keine qualitativen Differenzen: eine in mäfsigen Grenzen sich bewegende, der socialen Geltung und Macht im einzelnen angepafste, mit deren Wandlung sich abwandelnde Abstufung ihrer Rechte. — In den „membra“ als untersten genossenschaftlichen Zellen des Verfassungsbaues zusammengefafst, bilden sie fast alle organische Bestandteile der Zünfte; nur in vereinzelten Fällen sind sie der gewerbepolizeilichen Aufsicht der Zunft unterstellt, ohne eigentlich zu ihr zu gehören und an ihren Rechten teil zu haben; fast nie aber ist bei ihnen dies der Ausdruck eines persönlichen, wirtschaftlichen oder socialen Abhängigkeitsverhältnisses dieser benachteiligten Elemente von anderen über ihnen stehenden Klassen gewesen [1].

Von dieser Form der Organisation ist die Struktur der drei Zünfte, welche die den Formen des Handwerks längst entwachsene Textilindustrie der Stadt repräsentieren, der Zünfte der lana, der calimala und — teilweise auch — der seta, essentiell verschieden [2]. — Dafür kommen im wesentlichen zwei Momente in Betracht. Im Gegensatz zu dem, nur den lokalen Bedarf befriedigenden, seinen Bedürfnissen angepafsten Handwerk und Detailverkauf hatte sich vor allem die Florentiner Tuchproduktion (arte di lana) und die Appretierung und Verfeinerung rohgefertigter französischer Tücher (arte di calimala) schon im Laufe des 13. Jahrhunderts den Weltmarkt erobert; die Fabrikation von Seidenwaren folgte ihr im 14. und 15. nach, um später, nach dem Verfall der Wollentuchindustrie, ihre Stelle einzunehmen [3]. War so das wesentliche Element dieser Industrie der Export geworden, ein Export, dem die ganze damals bekannte Welt offen stand, so war die notwendige Folge dieser Entwicklung gewesen, dafs dem Kaufmann, der allein imstande war, die Konjunkturen des Welthandels zu überblicken [4], die führende Rolle in der Produktion dieser Gewerbe zugefallen war [5]; dafs zugleich in den Händen

---

[1] Über eine Ausnahme s. oben S. 42.

[2] Auf eine genauere Begründung dieser ökonomischen Verschiedenheit kann hier — der Aufgabe entsprechend — nicht eingegangen werden; es genügt, wenn sie so weit geschildert wird, als es für das Verständnis der Unterschiede in der inneren Organisation beider Zunftklassen nötig ist.

[3] Darüber vgl. man immer noch das treffliche Werk Pagninis: Della decima etc. Peruzzi, Perrens u. a. haben im wesentlichen nur seine Ergebnisse wiederholt.

[4] In welch hervorragender Weise dies den Florentiner Kaufleuten des 14. Jahrhunderts gelungen ist, das zeigen am besten die von Pagnini veröffentlichten Handelscodices von Balducci-Pegolotti und da Uzzano.

[5] Darüber ausführlicher an anderer Stelle; für die analoge Entwicklung der Venetianer Seidenindustrie vgl. die trefflichen Bemerkungen bei Broglio d' Ajano: Die Venetianische Seidenindustrie, an mehreren Stellen.

der Kaufleute alles Kapital sich zu stauen, zu konzentrieren drängte, während die Arbeiter, alles Kapitals entblöſst, in hausindustrieller Betriebsform fremde Rohstoffe meist mit fremden Werkzeugen auf Rechnung des kaufmännischen Unternehmers bearbeiteten. Hier hatte sich also um die Zeit, da unsere Untersuchung einsetzt, zur Zeit der Abfassung der ersten Zunftstatuten, ein ökonomischer und socialer Klassengegensatz innerhalb der verschiedenen an der Herstellung und dem Vertrieb eines Produkts beteiligten Elemente herausgebildet, der auch in der Organisation der aus ihnen gebildeten Zünfte notwendigerweise seinen Ausdruck finden muſste.

Das charakteristische für die Florentiner Verhältnisse ist nun — und darin besteht das zweite treibende Moment jener Entwicklung —, daſs es den in der Hausindustrie beschäftigten Arbeitern, trotz vereinzelter immer in revolutionären Formen sich bewegender Versuche[1] auf die Dauer nicht gelungen ist zu eigner genossenschaftlicher Organisation, zur Zunftbildung und Selbstverwaltung sich emporzuarbeiten[2]. Schon hatte, als die Florentiner Zünfte sich feste Formen zu geben begannen und zu den Fundamenten der ganzen politischen Ordnung wurden, das in den Händen der kaufmännischen Verleger konzentrierte Groſskapital Kraft genug, jeden Versuch dazu im Keime zu ersticken[3]. So wurde die groſse Masse der in der Hausindustrie beschäftigten Bevölkerung an die Stelle von „Sottoposti" heruntergedrückt; ohne eigentlich zum Zunftganzen zu gehören, ohne membra, d. h. organische Teile desselben zu bilden, unterstehen sie der obrigkeitlichen Kontrolle ihrer — korporativ organisierten — Arbeitgeber, am erfolgreichen Widerstand gegen diese durch ihre Armut, den Mangel an Besitz eigner Rohstoffe und Werkzeuge, endlich durch das strikte Vereinsverbot gehindert. In allen drei Zünften bringt das Jahr 1378 in mancher Hinsicht eine vorübergehende, in andrer eine dauernde Besserung ihrer rechtlichen Stellung; thatsächlich allerdings sind die Errungenschaften der Revolution bald genug wieder verloren gegangen.

Dieser Parallelismus in der Entwicklung der drei Zünfte aber gestattet es, dieselbe nur an der Stelle zu betrachten, wo

---

[1] Vgl. darüber unten S. 80 ff.

[2] Wo man „Zünfte" der Färber, der Wollschläger u. s. w. zu finden glaubte, beruht das — von den noch zu schildernden Versuchen abgesehen —, auf einem Miſsverständnis; in allen diesen Fällen handelt es sich nur um kirchliche oder wohlthätige Bruderschaften, Spitalgenossenschaften etc.; dagegen findet sich das Versammlungsverbot in den 3 Zunftstatuten ausdrücklich ausgesprochen.

[3] Im ganzen ist gerade dies Moment, das auch für die politische Geschichte nicht ohne Bedeutung, bis jetzt zu wenig beachtet worden. Florenz unterscheidet sich dadurch von den meisten Städten Italiens und der anderen Länder, in denen die Weberei zur Blüte gelangte. Darüber an anderem Ort.

sie ihren typischen Ausdruck gefunden hat, wo zugleich ein reichlicher fliefsendes Material uns tieferen Einblick getattet: in der Wollenzunft, die im 14. Jahrhundert wenigstens den beiden Schwesterzünften weit überlegen war. Die „Zunft vom Marienthore“, in der die Seidenindustrie nur ein membrum bildet, ist wegen ihrer reichen gewerblichen Gliederung und den mannigfachen inneren Veränderungen, die sie im Laufe des 14. Jahrhunderts durchgemacht hat, für unsere Zwecke von Interesse; die Calimalazunft dagegen, die in der socialen Zusammensetzung nur ein Abbild der Wollenzunft ist, in gewerblicher Hinsicht nur einen einzigen, eng umschriebenen Industriezweig umschliefst, kann von selbst aus der Betrachtung ausscheiden[1].

b. Arte di Por. San Maria (später auch di seta).

Zunft vom Marienthor (später auch Seidenzunft).

Die fleifsigen, für die Florentiner Geschichte so ungemein nützlichen Notizensammlungen, die der grofse Florentiner Antiquar Vincenzo Borghini gegen Ende des 16. Jahrhunderts sich anlegte, und die uns unter den Manuskripten der Bibliotheca Magliabecchiana erhalten sind, enthalten zum Jahre 1288 die Bemerkung, dafs damals durch den Schiedsspruch eines gewissen M. Lapo Salterelli ein Streit zwischen der Zunft vom Marienthore auf der einen, der Seidenzunft auf der anderen entschieden worden sei[2]. Von dem gleichen Streite berichten uns auch die „Provisionen des grofsen Rats“ zum 5. August 1288: danach soll der „capitaneus populi“ dafür Sorge tragen, dafs durch mit beiden Zünften befreundete Schiedsleute die Eintracht zwischen den hadernden Genossen wieder hergestellt werde[3]; in welcher Weise dies Ziel erreicht wurde, davon wird uns nichts berichtet.

---

[1] Gerade über sie sind wir relativ am besten unterrichtet, da zwei ihrer Statuten, das erste von Filippi, das 4. mit späteren Zusätzen von Emiliani-Giudici publiziert sind, und Perrens seine allerdings von Fehlern wimmelnde und nur mit grofser Vorsicht zu benutzende Schilderung des Florentiner Zunftwesens fast ganz auf die Calimala-Statuten aufbaut (Hist. de Florence livre VII, cap. 1).

[2] Magliabecchiana Cl. 25 Nr. 45 Fol. 18: In questi consigli .... arringava uno o due o tre o quatro ...., e a. 93 furono 10, che erano sopra il rifare l'estimo etc. .... et in quello particolarmente arringò M. Lapo Salterelli, Iudice tra lite fra consoli e arte di Mercatori di Porta S. Maria da una parte e i Consoli e l'arte della Seta dall' altra . . .

[3] Prov. I 94: Vor den capitudines der 12 artes maiores, dem defensor artium, dem capitaneus populi und den Prioren: exposta et lecta questione, differentia et lite vertente inter consules et homines Mercatorum Porte S. Marie ex una parte et consules et Artem et homi-

Soviel aber steht jedenfalls mit Sicherheit fest: im Jahre 1288 waren beide Zünfte noch durch kein äufseres Band zusammengehalten, sondern bildeten zwei getrennte, mit einander hadernde Verwaltungseinheiten[1]. Im Jahre 1334, zur Zeit des ersten uns erhaltenen Zunftstatuts, dagegen sind sie zu einer Zunft verschmolzen, wenn auch die Vereinigung einstweilen noch eine ziemlich lockere, den beiden „membra" — als solche erscheinen sie jetzt — eine relative Selbstständigkeit gelassen ist. Es ist die Frage, ob wir die Zeit, in der jener Verschmelzungsprozefs vor sich gegangen ist, des näheren werden bestimmen können.

Leider ist uns von früheren Statuten der Zunft, die zweifellos existiert haben, im Florentiner Archiv keine Spur mehr erhalten[2]. Um so dankbarer dürfen wir sein, dafs gerade hier die auf uns gelangten Zunftmatrikeln in eine Zeit hinaufreichen, aus der uns sonst über das innere Leben der Florentiner Zünfte überhaupt noch nichts berichtet wird. Wegen dieses hohen Alters aber haben die Matrikeln, im Gegensatz zu denen der andern Zünfte, die von der Forschung überhaupt noch nicht beachtet wurden, frühzeitig Aufmerksamkeit und Interesse erregt. Pagnini[3] hat auf sie aufmerksam gemacht; Ildefonso di San Luigi einen Teil derselben in seinen Delizie degli Eruditi[4] ediert, und seitdem sind sie noch zweimal von Gargiolli[5] und Santini[6] gedruckt worden. An einer eingehenden Untersuchung dieses — bei der Dürftigkeit des für jene Zeit vorliegenden Quellenmaterials — immerhin beachtenswerten Dokuments hat es aber bisher gefehlt.

In Wirklichkeit handelt es sich nämlich nicht, wie man

---

nes Artis de Seta ex altra parte ac etiam lecto capitulo et constituto dni defensoris et capitanei posito sub rubrica de sedandis discordiis que inter artes orirentur ....

[1] Pagnini: Della decima II 106 ff., Peruzzi, der jenem hier, wie überall blindlings folgt (Storia del commercio S. 86 ff.) und Perrens (I 195 ff.) hatten das übersehen. Dagegen hat Buonazia, der zuerst auf die Notiz Borghinis aufmerksam wurde (in der Nuova Antologia 13, 333), auf das richtige Verhältnis hingewiesen; die Verschmelzung beider Zünfte setzt er ohne nähere Angabe von Gründen in das Jahr 1308. Auch Villari (I due primi secoli della storia di Firenze I 284 Anm. 1) betont die ursprüngliche Verschiedenheit (wobei er die arte della seta etwas unklar „un ramo secondario e distinto dell Arte" nennt), setzt aber die Vereinigung beider fälschlich bereits an den Beginn des 13. Jahrhunderts. Falsch auch Davidsohn I, 793.

[2] Lastig l. c. erwähnt noch ein Statut aus dem Jahre 1317, das ich nicht habe finden können; doch nimmt er an, dafs auch dies nur eine Überarbeitung älterer Statuten habe sein können. In der That weist der § 43 des Status von 1334 auf solche ältere Statuten hin. Vgl. unten S. 64 Anm. 1.

[3] Della decima II 106 f.

[4] Delizie degli Eruditi VIII.

[5] Gargiolli: L' arte della Seta.

[6] Documenti I 541—543.

wohl gemeint hat, um eine einheitliche Zunftmatrikel, auch nicht wie Pagnini annimmt, um zwei innerlich zusammenhängende Stücke — so zwar, daſs das eine die Lücke des andern nachträglich zu ergänzen bestimmt gewesen sei —, sondern um zwei ursprünglich getrennt geführte Zunftverzeichnisse, die später, als die beiden Zünfte zu einer Einheit verschmolzen waren, in ein Heft zusammengebunden wurden. Das eine, im Jahre 1289 angefertigte, giebt sich in den einleitenden Worten[1] deutlich als eine damals vorgenommene Zusammenstellung der Matrikeln der Zunft vom Marienthore seit dem Jahre 1225 zu erkennen; Protokollierungen der Neuaufgenommenen von Jahr zu Jahr wechseln mit in unregelmäſsigen Abständen sich folgenden Verzeichnissen aller zu einer bestimmten Zeit der Zunft angehörigen Mitglieder[2]. Ebenso deutlich charakterisiert sich das zweite als eine aus dem Jahre 1308 stammende auſserordentliche Zusammenstellung aller bis dahin in der Seidenzunft immatrikulierten Zunftgenossen[3].

Daſs die Neuausfertigung der ersten Matrikel mit dem Schiedsspruch des Jahres 1288 in innerem Zusammenhang steht, dürfte kaum in Zweifel zu ziehen sein. Die Thatsache, daſs die beiden Zünfte in einen Konflikt der Kompetenzen geraten waren, mochte es wohl nötig erscheinen lassen, den

---

[1] Hec est matricula seu memoriale omnium et singulorum magistrorum Artis mercatorum Porte Sancte Marie civitatis florentie repertorum in actis et per acta dicte Artis ipsi Arti teneri et iuratos esse constituto Artis eiusdem temporibus infrascriptis, facta et composita seu retracta ex ipsis actis tempore consulatus providorum virorum Doni de Barberino, Guidonis del Chiaro, Ser Guidi de Luco et Jacobi Jambollari consulum dicte Artis secundum formam capituli constituti dicte Artis loquentis de hac matricula facienda et ad hoc ut de predictis habeatur memoria et propria certitudo anno millesimo ducentesimo octagesimo nono ....

Anno millesimo ducentesimo vicesimo quinto. Tempore consulatus Clari f. Guidi, Arlotti de Ultrarno, Sinibaldi f. Bartoli, Caccialupi f. Caccie de Porta S. Marie, Cardinalis f. Marcovaldi de S. Cecilia, Doni Spinelli et Arrighi f. Rinuccini de la Pressa de Calcmala. Infrascripti iuraverunt ....

[2] Die Aufzeichnungen zum Jahre 1225 enthalten wahrscheinlich alle bis dahin Eingetretenen.

[3] Tempore consulatus Vanni Bruni et Benini Bonaquisti consulum et rectorum Artis et Universitatis de la Seta civitatis florentie existentibus consiliariis dicte Artis Mecti Beliocti, Priore Ser Bartoli et Vacci Belagotti reducti sunt in scriptis homines et magistri dicte Artis ad modum matricole secundum formam statutorum dicte Artis de mandato et voluntate ipsorum rectorum et consiliariorum dicte Artis sirici. Sumptum et exemplatum per me Marsoppum imperiali auctoritate iudicem ordinarium atque notarium domini Guidalotti Pintaccie de Signa sub anno .... millesimo trecentesimo octavo ex libro matricularum dicte Artis extraordinarie compilato incepto tunc in 1287 .... ad hoc ut ipsorum hominum et magistrorum dicte Artis memoria de cetero habeatur et latius, clarius, ordinatius et distinctius reperiantur.

Geltungs- und Machtbereich jeder einzelnen durch eine Revision der Matrikeln genauer festzustellen und abzugrenzen. Was den Grund zur Zusammenstellung der Seidenzunft-Matrikeln im Jahre 1308 gab, darüber lassen sich nicht einmal Vermutungen äufsern.

Soweit sich aus diesem dürftigen Material Schlüsse auf die Entwicklung der beiden Zünfte ziehen lassen, so glaube ich, dafs aus der Zunft vom Marienthor, die im wesentlichen den Kleinhandel mit Tuch-, Strumpf- und sonstigen Wollenwaren umfafste, sich um die Mitte des 13. Jahrhunderts die Seidenhändler zu eigner Zunftbildung losgelöst haben[1]. Je mehr aber der Handel mit Seidenzeugen an Bedeutung gewann — man denke an die Klagen Dantes über den überhandnehmenden Luxus der Florentiner Bürgerschaft —, um so eifersüchtiger mufste die ältere Zunft das Aufblühen der jüngeren Schwester betrachten, um so mehr mufste es ihr darum zu thun sein, sich auch ihrerseits das Recht auf den Betrieb des einträglichen Erwerbszweigs zu sichern. So kam es zu Kompetenzkonflikten, die nur vorübergehend durch einen Schied, der die beiderseitigen Ansprüche festlegte, beseitigt wurden. Als dann um 1315 die von Uguccione della Faggiola in Masse aus der geplünderten Stadt Lucca vertriebenen lucchesischen Seidenwirker nach Florenz wanderten und durch ihre vorgeschrittene, damals den Markt beherrschende Technik dem Florentiner Gewerbe einen neuen ungeahnten Aufschwung brachten, scheinen die Differenzen zwischen beiden Zünften definitiv durch die Verschmelzung (oder auch Wiedervereinigung) beider beigelegt worden zu sein[2]. Noch behalten beide eine relative Selbständigkeit; noch macht sich auch das Übergewicht der älteren Zunft in der Organisation des Zunftganzen deutlich geltend.

Dies ist der Zustand, wie er uns in den ersten uns erhaltenen Statuten vom Jahre 1334 entgegentritt. — Die Gewandschneider (ritagliatores) und Tuchverkäufer[3] erscheinen noch an erster Stelle, und ausdrücklich wird den vollberechtigten

---

[1] Vielleicht ist es daher kein Zufall, dafs wärend 1225 und 1231 6, 1240 sogar 7 Konsuln in den Matrikeln an der Spitze der Zunft erscheinen, nach 1247 (1249, 1254, 1256 etc.) immer nur 3 oder 4 genannt werden; auch 1288 noch ist es nicht anders, und erst nach der Neuvereinigung beider Zünfte erscheint im ersten Statut von 1334 die Sechszahl wieder hergestellt.

[2] Ein Zunftverzeichnis von 1321 enthält 584 Mitglieder. Vom Jahre 1321 an sind viele setaioli unter den Neueintretenden genannt.

[3] Das Warenverzeichnis der Zunft (Seta I fol. 10) ist sehr ausführlich und interessant. Erlaubt war den Mitgliedern derselben nicht nur der eigentliche Gewandschnitt, sondern auch der Verkauf (aber nicht die Fabrikation) ganzer Tücher (mit Ausnahme derer, die Monopol der Calimalazunft waren); daneben andrer Wollwaren (Hüte, Schürzen, Strümpfe, Bettdecken u. s. w.).

Mitgliedern der Zunft auch die Befugnis erteilt, das Seidengewerbe (ars sirici) zu treiben; in dem Kompetenzstreit zwischen den beiden Zünften hatte damals die ältere, an Zahl und Bedeutung wohl immer noch überlegene, über die Ansprüche der jüngeren gesiegt[1].

Die Bestimmungen über die Wahl der Konsuln und des Zunftrates, wie die über die Ernennung des hier wie in den andern Zünften der Tuchbereitung damals existierenden Exekutivbeamten geben uns ebensowenig einen Einblick in die innere Gliederung der Zunft wie diejenigen über das Eintrittsgeld der neu aufzunehmenden Mitglieder; und nur aus gelegentlichen Erwähnungen, nicht aus organischen Bestimmungen, können wir entnehmen, dafs eine solche thatsächlich vorhanden war. So erfahren wir bei der Aufnahme von fünf Bettdeckenhändlern in die Zunft, dafs diese nur unter der Bedingung Zutritt erhalten, dafs sie andre Waren, als die sie immer verkauft hätten, nicht in der Zunft verkaufen dürften[2]; wollen sie auch mit anderen Handel treiben, so müssen sie den Rest der (höheren) Matrikel nachzahlen. Auch in ihnen dürfen wir wohl eine Art Mitglieder zweiten Grades erkennen, wie sie sich in so vielen anderen Zünften finden; erst seit kurzem dem Zunftverbande eingegliedert, erringen sie sich erst allmählich volle Gleichberechtigung mit den älteren Mitgliedern desselben. — Eine ähnliche Stellung scheinen ursprünglich auch die Goldschmiede eingenommen zu haben. Ihnen hatte wohl ihre Bedeutung als hervorragendstes Luxusgewerbe und der Umstand, dafs sie teilweise dasselbe Rohmaterial verarbeiteten, das in den berühmtesten Erzeugnissen der Florentiner Seidenindustrie, den Brokaten, zur Verwendung kam, Eintritt in die gewerblich so ganz heterogene Zunft verschafft; wenigstens bestimmen die Paragraphen 9 und 10 des Statuts, dafs dieselben von jetzt an alle Rechte in der Zunft geniefsen sollen, auch für den Fall, dafs sie nicht die volle Matrikel gezahlt haben sollten[3].

---

[1] Arte di Seta I Fol. 9. Vgl. unten S. 67.

[2] Arte di Seta Matricole VI Fol. 53, quod ipsi non possint de arte praedicta exercere nisi in hac parte videlicet vendere copertoria, carpitos cultros et birida matrizia et zoannum, linum tintum et alias mercantias, quas ad presens consueti sunt vendere, et si de aliis rebus ad dictam artem spectantibus vendiderint seu exercuerint, teneantur complere et solvere usque in quantitatem in statuto dicte artis contenutam.

[3] Arte di Seta I 9. Quod omnes et singuli aurefices, qui veri erant Aurefices et exercebant artem Aurificum *tempore quo ipsi iuraverunt Artem Porte* S. Marie possint et debeant per Notarium huius artis scribi et poni in matricola huius Artis sicut alii Artefices dicte Artis non obstante, quod ipsi vel aliquis eorum non solverint Arti predicte quantitates pecunie in statuto supraposto contentas .... § 10 bestimmt, dafs sie ein „membrum precipuum“ der Zunft bilden und zu allen Ämtern und Ehrenstellen zugelassen werden sollen. Und so heifst

Die deutlichsten Spuren einer Sonderorganisation aber trägt das erst kürzlich in den Zunftverband aufgenommene „membrum Sirici“: es steht jetzt unter der Sonderleitung von 2 rectores, denen es verboten wird, die andern Mitglieder der Gesamtzunft am freien Verkauf seidner Tücher zu hindern; denn, heifst es „es sei ungerecht, dafs das Gröfsere dem Kleineren folge“ [1]. Hochmut der jüngeren Schwesterzunft gegenüber und Eifersucht auf dieselbe sprechen in gleicher Weise aus diesen Worten des Statuts: die klugen Kaufleute, die die Macht in der Zunft haben, suchen sich gegenüber den natürlichen Monopolbestrebungen des aufkommenden Seidengewerbes, auch ihrerseits das Recht auf den Betrieb desselben zu sichern. Noch sind die beiden nur lose miteinander verbunden, aber die fortschreitende ökonomische und politische Entwicklung haben mehr und mehr diesen Übergangszustand überwunden: je mehr das Seidengewerbe in die Höhe kam und die Eigenfabrikation seidner Gewebe — zunächst allerdings durchaus mit importiertem Rohmaterial — den Verkauf importierter fertiger Gewebe überwog, desto mehr nahm die Leitung und Überwachung der Manufaktur den ganzen Mann in Anspruch und schuf so von selbst eine arbeitsteilige Trennung zwischen beiden Berufszweigen, die dann in der schärferen Scheidung der „membra“, in ihrer monopolistischen Abgrenzung gegen einander ihren rechtlichen Ausdruck fand. Zugleich aber wurde auch das Seidengewerbe enger mit der Zunft verbunden, und bildete dann einen organischen Bestandteil derselben an Stelle des nur lose angegliederten Gewerks von 1334.

Was die Abstufung der Rechte innerhalb der Zunft betrifft, so können wir — soviel ich erkenne — hauptsächlich drei Kategorien unterscheiden. Einmal die vollberechtigten „artefices principales“ [2]; daneben als Mitglieder zweiten Ranges,

---

es auch in § 12: „Aurificum ars, que nobis iniuncta manet quodammodo tamquam membrum; er enthält besondere, meist auf die Gewerbetechnik und -polizei des Goldschmiedehandwerks bezügliche Bestimmungen. Der Ausdruck „tempore quo ipsi iuraverunt Artem Porte S. Marie“ deutet wohl darauf hin, dafs die Aufnahme des gesamten Handwerks in die Zunft vom Marienthor erst seit kurzer Zeit erfolgt sein kann.

[1] Ex eo quod Ars et ministerium Sirici membrum est dicte Artis mercatorum porte Sancte Marie et quia incongruum esset maius sequi, quod esset minus .... Statutum est quod quilibet, qui est vel in futuro erit de dicta Arte et societate mercatorum porte S. Marie volens exercere Artem sirici possit libere et expedite ipsam exercere absque solutione fienda pro introitu Artis vel alio quoquo modo directe vel indirecte Rectoribus artis sirici cum sufficiat et sufficere debeat, quod sint de arte Porte S. Marie.

[2] Dies geht aus der oben erwähnten Bestimmung des § 10 über die orefici hervor. Genauer werden diese ebenso wenig bestimmt, wie der Umfang ihrer Rechte.

die später in die Reihen der ersten Kategorie aufrücken: die Bettdecken- und Matratzenmacher, die Wams- und Waffenhändler; geschieden von den ersten weniger durch die verschiedene Betriebsform ihres Gewerbes, als durch geringeren Reichtum und mäfsigeren Umfang der einzelnen Geschäfte, zahlen sie wahrscheinlich geringeres Eintrittsgeld[1] und haben nur einen beschränkten Anspruch auf die Besetzung der Ämter[2]. Endlich als dritte Stufe diejenigen, denen die von den Mitgliedern der beiden ersten eingekauften Rohstoffe, die von ihnen verfertigten Halb- oder Ganzfabrikate zur weiteren Verarbeitung überantwortet werden: Färber, Schneider, Tuchglätter, Sticker; erst mit dem weiteren Aufblühen der Eigenfabrikation seidner Gewebe schliefsen sich ihnen die eigentlichen Seidenarbeiter an[3].

Endlich haben wir noch der Seidenfabrikanten aus Lucca zu gedenken, die innerhalb des Rahmens der Gesamtzunft eigner Konsuln, eigner Statuten und einer weitgehenden Selbstverwaltung sich erfreuen; nur müssen ihre Statuten von den Zunftkonsuln bestätigt und periodisch revidiert werden. Mit der Zeit scheinen auch sie diese Sonderorganisation eingebüfst zu haben[4].

Überschauen wir noch einmal alle diese Verhältnisse, so blicken wir hinein in ein buntes Gemenge der verschiedensten Gewerbe und Berufsarten, die kaum miteinander verwandt sind, von Rechten und Pflichten, die nach den verschiedensten Richtungen hin abgestuft, einen organischen Aufbau kaum erkennen lassen. Und ebensowenig sind die einzelnen arbeitsteilig geschiedenen Gewerbe nach mittelalterlicher Art in den engen Kreis ihres speciellen Arbeitszweiges eingezwängt und innerhalb desselben monopolistisch gesichert; vielmehr greifen sie — in dem Rahmen der politischen Zunft als Ganzem — mannigfach ineinander über; alle Grenzen sind noch verwischt und unklar.

Langsam und allmählich erst beginnen sich dann diese halb chaotischen Übergangszustände zu festeren Formen zu krystallisieren. Zunächst werden 1341 den „membra“ der Goldschmiede und der Wamshändler je 2 Sitze von den 20 des Zunftrates fest zugewiesen[5]. Zugleich beginnen die einzelnen Zunftabteilungen selbst sich auszugestalten, sich festere

---

[1] Vgl. das oben S. 66 über die Stellung der Bettdeckenmacher gesagte.

[2] So soll von den 16 Ratsleuten immer je einer ein Bettdecken- und ein Wamshändler sein, dazu 2 Goldschmiede.

[3] S. u. S. 69.

[4] Pagnini II 107 spricht allerdings von einer compagnia dei Lucchesi, che in oggi si chiama tessitori, doch scheint es fraglich, inwieweit diese mit der alten Genossenschaft identisch sind; die Statuten erwähnen ihrer in späterer Zeit nicht mehr.

[5] Arte di Seta I 84.

Grenzen zu ziehen, anfangs noch vielfach schwankend, bis gegen Ende des Jahrhunderts einigermafsen das Gleichgewicht der in der Zunft vorhandenen wirtschaftlichen Einzelkräfte gefunden war. Zum Zwecke der Konsulwahl erscheint im Jahre 1345[1] die Zunft in 3 gleichberechtigte membra eingeteilt, denen ebensoviele Wahlbeutel (marsupia) und je 2 Konsuln entsprechen; das membrum sirici, das der ritagliatori, endlich das der farsettai, orefici, pennaioli e armanioli. Unter dem Einflusse der Pest hatte man dann im Jahre 1351 zum Zwecke der Wahl des Zunftrats vorübergehend die Goldschmiede mit den Seidenhändlern, die Gewandschneider mit den Strumpfwirkern — die jetzt zum erstenmal in der Zunft auftauchen — zu je einer Wahlabteilung vereinigt; kaum aber waren die Wirkungen der Krankheit einigermafsen überwunden, so wurde auch schon der Zustand von 1345 wieder hergestellt. Aber auch hier macht sich im weiteren Verlaufe des Jahrhunderts mehr und mehr jene Entwicklung geltend, die wir in der Zunft der Ärzte und Apotheker bereits konstatieren konnten: ein unruhiges Hasten und Drängen der ärmeren, benachteiligten Schichten in der Zunft zu gröfseren formalen und materiellen Rechten; eine beständige Veränderung und Verschiebung in den Machtverhältnissen, eine immer wieder vorgenommene Umformung der Wahlbeutel, um die Rechte der einzelnen Wahlabteilungen ihrer relativen Stärke innerhalb des Zunftganzen anzupassen; bis der Aufstand der Ciompi den Höhepunkt dieses revolutionären Drängens bezeichnet, und nachdem langsam erst die hochgehenden Wogen der socialen Bewegung sich geglättet, mit dem Anfang des neuen Jahrhunderts ein Zustand verhältnismäfsiger Ausgeglichenheit und Stabilität erreicht wird. Mehr und mehr war auch die Zunft mit dem Aufblühen der Seidenfabrikation in Florenz, die schon vor den gewaltsamen Versuchen, im eignen Lande die Seidenraupe zu züchten und den wertvollen Rohstoff zu gewinnen, eine erste Blüte entfaltete[2], aus einer Vereinigung von Importeuren, Verkäufern, Zwischenhändlern und Handwerkern zu einer solchen geworden, in der das Element der kaufmännisch-industriellen Unternehmer eine bedeutsame Rolle spielte: und damit begann auch die Frage der Stellung der industriellen Heimarbeiter in der Zunft für diese von Bedeutung zu werden, wie sie es schon lange für die Wollenzunft geworden war.

[1] Arte di Seta I 88.

[2] Dafs Villani in seiner so überaus genauen und ausführlichen Statistik des Jahres 1338 der Seidenindustrie mit keinem Worte Erwähnung thut, kann als sicherer Beweis dafür gelten, dafs dieselbe damals im gewerblichen Leben der Stadt noch keine irgendwie bedeutende Rolle spielte. Pagnini (l. c. II 109), der von Anfang an die arte di seta mit der arte Por S. Marie identisch sein läfst, wundert sich natürlich von seinem Standpunkt aus mit Recht über das Schweigen des Schriftstellers.

Wir können diese Entwicklungen, die einen reichen Niederschlag in den Urkunden der Zunft gefunden haben, hier nur in ihren Hauptphasen verfolgen. — Das Emporkommen der Seidenindustrie zeigt sich schon 1351 in den neuen Artikeln, die den Seidenwebern aus Lucca gegeben werden[1].

Zu gleicher Zeit erhalten auch die florentinischen Seidenarbeiter ihre ersten ausführlichen Bestimmungen: sie werden der Zunft unterstellt, ohne in ihr immatrikuliert zu sein; ihre Einwanderung wird gefördert; strenge Gewerbepolizei und Aufsicht über die Technik soll für ein gutes, die Zunft ehrendes Fabrikat sorgen[2]. Die Schiebungen innerhalb der bestehenden membra beginnen aufs neue mit dem Jahre 1371[3], in welchem Jahre noch einmal die oben genannten 3 Wahlabteilungen des Jahres 1345 erwähnt werden; im Jahre 1378[4] dagegen, kurz vor Ausbruch der socialen Revolution treffen wir deren 5 an: nur die setaioli haben entsprechend ihrer bedeutenden ökonomischen Macht das Recht eines eignen membrum sich bewahrt; das dritte dagegen, das früher die ganze Masse der Gewerbe zweiten Grades umfaſst hat, ist jetzt in der Weise zersprengt, daſs die Strumpfwirker — wie 1351 — mit den Gewandschneidern zu einem membrum vereint sind, die Goldschmiede, Wamsmacher, und Federhändler je ein neues für sich bilden; den Strumpfwirkern wird ausdrücklich der siebente Teil aller in der Zunft zu vergebenden Amtsstellen zugewiesen[5]. Aber der Ciompiaufstand selbst warf diese Neueinteilung schon wieder über den Haufen; nicht nur daſs die Wamshändler in die eine der im Sommer 1378 neugebildeten Zünfte[6], die Goldschmiede wenigstens z. T. zu den Riemern übertraten[7], auch ein Teil der Seidenarbeiter, be-

---

[1] Arte di Seta I Fol. 100. Sie heiſsen hier „tutti i setaioli matricholati, i quali fanno tessere drappi del membro lucchese“, bilden also wahrscheinlich eine Unterabteilung oder eine Art Anhängsel des membrum sirici.

[2] Arte di Seta I Fol. 99: Von Bedeutung sind vor allem die Bestimmungen, die den Seidenarbeitern die Arbeit auf eigene Rechnung verbieten — ein Beweis, daſs die junge Industrie, die von der energischen kaufmännischen Bevölkerung aufgegriffen wurde, sich sofort den in den älteren Schwesterindustrien (lana und calimala) bestehenden Formen kapitalistischer Produktion anzupassen wuſste und sich nicht erst langsam aus handwerksmäſsigem Betrieb heraus entwickelte. Den Zuzug scheint man besonders aus Venedig organisiert zu haben, das damals schon Lucca an Bedeutung überflügelt hatte; darauf deutet die Bestimmung, daſs Weber, die aus Venedig mit Hinterlassung von Schulden nach Florenz gekommen waren, dort abgeurteilt werden sollten und umgekehrt.

[3] Arte di Seta I Fol. 117.

[4] 1376 (ibidem I 125) werden noch die 3 membra erwähnt: setaioli, ritagliatores, fundacarii.

[5] Arte di Seta I Fol. 132 f.

[6] Vgl. darüber unten S. 83 f.

[7] Vgl. darüber oben S. 40.

sonders die Seidenweber, schlossen sich der zweiten jener revolutionären Zunftbildungen an, die neben ihnen noch die besser gestellten Hilfsarbeiter der Wollenzunft umfaſste — ein deutliches Zeichen, daſs die Seidenweber noch nicht auf jene Stufe völliger proletarischer Armut herabgesunken waren, wie die Weber und Wollkämmer in der arte di lana, die in der dritten schon am 1. September des gleichen Jahres aufgelösten Zunft vereinigt waren [1]. — Der aufblühenden, in sich noch nicht wie die Wollenmanufaktur gefestigten Seidenindustrie drohte aus dieser Sezession groſse Gefahr: schritten alle Seidenarbeiter zu eigner Organisation, konnten sie dann von ihrer physisch-numerischen Überlegenheit den rechten Gebrauch machen, muſste man von Macht zu Macht mit Gleichberechtigten über die Bedingungen des Produktionsprozesses verhandeln, statt wie bisher in einseitig-autoritativer Satzung sie ihnen vorzuschreiben, so mochte den reichen kaufmännischen Verlegern wohl um die Zukunft ihrer Betriebe, und die Möglichkeit der Fortsetzung der bisherigen Produktionsweise und damit einer auf Ausbeutung billiger Arbeitskräfte beruhenden Exportindustrie bange werden. Um den weiteren Abfall der Seidenarbeiter und ihren Anschluſs an die neue Zunft zu verhindern [2], gewährt man den der alten Zunft treugebliebenen Arbeitern die Rechte, die man ihnen bisher versagt hatte [3]; und so finden wir unter den Konsuln, die für das erste Drittel des Jahres 1380 gewählt wurden, neben einem Seidenhändler, zwei Gewandschneidern, einem Goldschmied, und einem Strumpfhändler, auch je einen Seidenfärber und Seidensticker vertreten [4]. Und als dann nach dem ersten groſsen Siege der Reaktion 1382 die beiden Revolutionszünfte aufgelöst und ihre Mitglieder wieder denjenigen Zünften zugeteilt worden waren, aus denen sie im Jahre 1378 aus-

---

[1] Über diese Bildungen und das Schicksal der 3 im Jahre 1378 neugebildeten Zünfte soll weiter unten bei der Besprechung der Arte di lana ausführlicher die Rede sein. Vgl. auch oben S. 23.

[2] Der Vergleich mit ähnlichen Vorgängen der modernen Arbeiterbewegung liegt zu nahe, um näherer Ausführung zu bedürfen.

[3] Ich bemerke hier beiläufig, daſs auch hier der thatsächliche Zustand nicht immer mit dem Buchstaben des Gesetzes übereinstimmt. Nach den Matrikellisten wurden von 1327—1378 13 ricamatores, 8 tintores, ja sogar 3 tessitores in die Zunftlisten eingetragen, und hatten damit Anspruch auf alle Rechte. Das entscheidende war die Fähigkeit, die ziemlich hohe Matrikel aufzubringen.

[4] Merc. 199. Ein scruttinium vom 28. Juni 1380 (ibidem) giebt uns auch einen Einblick in die damalige Gliederung der Zunft: Es bilden die ritagliatores mit den setaioli das membrun setaiolorum, die aurifices mit den ricamatores, fundacarii, armanioli, pennaioli, bilanciari, tintores etc. das membrun fondacariorum, endlich die calzaioli das membrum calzaiolorum, so zwar, daſs die beiden ersten membra je 3, das dritte einen Konsul aus ihrer Mitte stellten. — Die Statuten berühren nichts von dieser Änderung.

geschieden waren, da mufste man wohl oder übel auch ihnen die gleichen Rechte gewähren: nur den farsettai hatte der Versuch, eine eigne Zunft zu bilden, eine Schmälerung ihrer Rechte gebracht: die Seidenfärber, -Sticker und -Weber sollen fortan mit den Wamsmachern eine fünfte Zunftabteilung bilden, einen achten Konsul stellen und überhaupt den achten Teil aller Ämter in der Zunft besetzen unter dem Namen eines „membrum banderariorum“ [1]. Mehr und mehr aber scheinen die Zugeständnisse, die dem fünften membrum der Zunft so gewährt waren, auf die eigentlichen „farsettai“ in demselben d. h. diejenigen, die Kaufleute und nicht Arbeiter waren, beschränkt worden zu sein. Bot doch der Ernennungsmodus der Beamten auf dem Wege des „Scruttinium“ den Konsuln und deren „Beigeordneten“ die Möglichkeit, in der Form der Abstimmung über jeden Einzelnen ganzen Klassen oder Berufen das ihnen rechtlich zukommende passive Wahlrecht thatsächlich vorzuenthalten. — An die Stelle des membrum banderariorum tritt wieder das der farsettai. Damit sind die letzten Errungenschaften der revolutionären Bewegung von 1378 der Arbeiterschaft verloren gegangen und ist im allgemeinen der Zustand wieder hergestellt, wie er sich kurz vor Ausbruch des Ciompiaufstands gestaltet hatte.

Eine sichere Abgrenzung der einzelnen Zunftglieder und -abteilungen war aber auch hiermit noch nicht erreicht; war doch das Statut durch die vielen im Laufe des 14. Jahrhunderts darin eingefügten Zusätze und Änderungen allmählich so unverständlich und in sich widerspruchsvoll geworden, dafs 1411 eine Neuredaktion derselben beschlossen ward [2], die dann aber nur zum kleineren Teil — besonders durch eine neue Fassung der Bestimmungen über Gewerbetechnik und -polizei — zur Ausführung kam. Von besonderem Interesse ist es nun, zu sehen, wie neben der bisher bestandenen Scheidung nach den verschiedenen Erwerbszweigen und nach der Stellung, die den Einzelnen im Produktionsprozefs zukam, sich nun auch noch eine solche nach der durchschnittlichen Gröfse des Kapitals und derjenigen des Einkommens geltend machte, das in den verschiedenen Berufen dem Einzelnen zu teil wurde, zugleich nach Form und Gröfse der durchschnittlichen Be-

---

[1] Arte di Seta I, Fol. 134 und 139. Diesen Zustand lernen wir auch aus den Reduktionen der als zu Konsuln wählbar qualifizierten Zunftmitglieder kennen, z. B. Merc. 202 (14. März 1383): Neben 36 de membro ritagliatorum, 31 de membro setaiolorum, 36 de membro fundacariorum (darunter 15 fundacarii, 12 aurifices, 2 pennaioli, 2 armanioli, 1 ottonarius, 1 ?) und 15 de membro calzaiolorum finden sich 13 de membro banderariorum (darunter 9 farsettai, 2 banderai, 2 ricamatores) Seit 1388 wieder membrum farsettariorum!

[2] Arte di Seta I Fol. 168—176; bereits 1374 (Seta I 122) war eine solche projektiert, die dann aber gar nicht in Angriff genommen wurde.

triebe, und nach der Stellung auf der plutokratischen Stufenleiter. Die neuen Bestimmungen über das Eintrittsgeld vom Jahre 1404 [1] und über die Rechte der einzelnen membra vom Jahre 1422 [2] lassen darüber keinen Zweifel. Darnach zerfallen die aktiven Mitglieder der Zunft jetzt in zwei grofse Klassen, die der membri maggiori und minori; zu den ersteren gehören die Seidenhändler (en gros), die Gewandschneider, die Inhaber von Warenlagern und die Gold- und Silberschmiede [3]; zu den letzteren die Zwirnhändler, Seidenhändler (en détail), [d. h. Nicht-Fabrikanten], Strumpfhändler, Messingschmiede, Wamshändler, Bettdecken- und Federnhändler, Trödler, Händler mit Baumwollwaren, Waffenhändler, Seidensticker, Waagenmacher, Seidenfärber und Bandhändler [4]: eine buntgemischte Gesellschaft, als deren gemeinsames Kennzeichen der Kleinbetrieb mit geringem oder gar keinem eignen Kapital gelten kann. Von Bedeutung scheinen mir nun bei dieser Neueinteilung zwei Thatsachen zu sein. Einmal die Nichterwähnung der Seidenweber, denen doch im Jahre 1382 dieselben Rechte zugesprochen worden waren, wie den Seidenstickern und -färbern, die aber von Anfang an infolge ihrer Armut und der Unmöglichkeit das Eintrittsgeld aufzubringen, davon kaum einen Gebrauch hatten machen können [5]. Dann aber, als zweites charakteristisches Moment, die Spaltung, die in der Seidenindustrie vor sich gegangen war: von den reichen kaufmännischen Verlegern, die in hausindustriellen Betrieben Seide spinnen und weben lassen und die Seidengewebe dann en gros verkaufen [6], haben sich die Kleinhändler mit Seidenzeugen losgelöst, die den Absatz an das kaufende Publikum besorgen; eine wirthschaftliche und zugleich sociale Scheidung, da die

---

[1] Arte di Seta I Fol. 161.

[2] Arte di Seta I Fol. 195.

[3] Setaioli (sc. ad grossum) ritagliatores, fundacarii, aurifices argentarii sive aurarii et de auro sive argento laborantes.

[4] refanioli, setaioli ad minutum sive ad taglium et non laborans et faciens laborare de drappis sirici, calzaioli, aurifices ottonarii, farsettarii, coltricciarii, pennaioli, rigattieri, bambagiarii, armanioli, ricamatores, bilanciarii, tintores sirici sive repis vel banderai.

[5] Eine Verordnung des Jahres 1431 (Seta I Fol. 215) bestimmt allerdings, dafs von den „cercatori" (einer Art gewerbepolizeilicher Revisions- und Spionagebeamten) je einer de membro di tessitori e orditori di drappi .... membro di tintori di seta .... membro de' filatori o torcitori di seta .... sein solle; doch kann hier nur von „membro" im Sinne von „Berufszweig" die Rede sein, da alle diese Berufe sicher keine organischen membra der Zunftverfassung bilden.

[6] Nach Zuccagni-Orlandini (Statistica della Toscana I 558 f.) und Cantini (Saggi storici di antichità toscane III 141) hätten die Setaioli maggiori ein Kapital von mindestens 12 000 fl. besitzen müssen. Doch scheint mir dies erst eine Bestimmung aus weit späterer Zeit zu sein; der damalige Zustand der Industrie hätte solch hohes Betriebskapital wohl kaum gerechtfertigt. So auch Pöhlmann a. a. O. S. 45 Anm. 4.

erste Klasse jetzt zu der grofskaufmännischen Aristokratie, die zweite zum kleinbürgerlichen Mittelstand gerechnet werden mufs[1].

Die beiden auf diese Weise neugebildeten Klassen von Zunftmitgliedern werden nun auch in Rechten und Pflichten zum ersten Male scharf gegeneinander abgegrenzt. Vollberechtigte Zunftmitglieder sind nur die Angehörigen der ersten Klasse, die ihrerseits wieder in die 3 membra der setaioli, der ritagliatori und der fondacai ed orafi zerfällt; sie zahlen doppelte Matrikel, haben allein das Recht die Ämter zu besetzen — seit 1406 war die Zahl der Konsuln wieder von 8 auf 6 herabgesetzt worden — und geniefsen allein ein in engen Grenzen sich bewegendes Versammlungsrecht[2]. Von der Einteilung und Gliederung der zweiten Klasse erfahren wir nichts; da sie von allen Rechten ausgeschlossen waren, bildeten sie für die Zunftverfassung als ganzes eine grofse, homogene passive Masse.

Es sei mir gestattet, hier ausnahmsweise über die zeitlichen Grenzen hinaus, die dieser Arbeit gesteckt sind, abschliefsend einen Blick zu werfen auf die Neugestaltung, die der Zunft durch die grofse Reorganisation unter Cosimo II. zu teil ward; liegt doch der Höhepunkt der florentiner Seidenfabrikation erst zwischen der Mitte des 15. und der des 16. Jahrhunderts[3], und gelang es ihr doch damals wenigstens teilweise die Lücken auszufüllen, die der gänzliche Niedergang der Wollentuchindustrie im Erwerbs- und Wirtschaftsleben der Stadt zurückzulassen drohte. In der Hauptsache wurde in all der Zeit an der Einteilung in membra maiora und minora

---

[1] In einer Bestimmung des Jahres 1429 (Arte di Seta I Fol. 210) werden dann allerdings einmal die setaioli grossi e minuti als ein membrum aufgeführt. Ob es sich hier um einen unklaren Ausdruck des Statuts handelt, oder ob die setaioli minuti damals wirklich den setaioli grossi gleichgestellt waren, vermag ich nicht zu sagen.

[2] Arte di Seta I Fol. 195 ff.: Da quinci innanzi non si possa ne si debba alcuno membro della detta arte di per se o separato cioè setaioli, ritagliatori, fondachai e orafi, o alcuno d' essi ne I merchatanti di detti membri ragunarsi ne fare alcuna congregazione insieme in alcuno luogo ne fare alcuno atto, partito, composizione o deliberazione tralloro se no nella presenza .... dell ufficio de' consoli della detta arte o delle due parti di loro .... I detti consoli e le due parti di loro possono ciaschuni ragunare il membro suo come vorranno nella casa della detta arte .... come usato per lo passato, delle quali congregazioni sieno tenuti maestri e matricolati de' membri maggiori predetti. E di membri minuti o d' alcuni d' essi non si possa venire o ragunarsi alcuno etiandio che fusse maestro o matriculato in niuno modo. Die membri maggiori hatten also ein gewisses Beratungsrecht unter Vorsitz ihrer Konsuln, das den membri minori fehlt. Zu diesen wurden auch nicht matriculati (wie die tessitores, filatores etc.) gerechnet.

[3] Sehr stolz heifst es in einer Verordnung von 1460 (Arte di seta I, Fol. 258). La seta è tanto cresciuta che ogni altra città del mondo avanza.

festgehalten, wie sie im Jahre 1404 stabiliert worden war: die membra maiora hatten sich, nach dem Statut von 1580[1], um einige neue Gewerbe vermehrt[2]; in der zweiten Gruppe, an deren Spitze wie im Jahre 1404 die setaioli minuti genannt sind, sind jetzt alle Klassen von Seidenarbeitern bis zum Weber und Spinner hinab aufgeführt[3], sodafs — nach der Zunftverfassung — zwischen Kleinhändler und Arbeiter kein Unterschied ist; beide sind in gleicher Weise zu passiver Rechtlosigkeit verurteilt. In den beiden membra erhält durch scharfe Grenzlinien jedes Gewerbe sein monopolistisch beherrschtes Feld zuerteilt; nur in wenigen genau bestimmten Ausnahmefällen wird ein Übergreifen auf das Gebiet des Nachbars gestattet. Die membri maggiori zahlen 100, die minori 50 l. Eintrittsgeld, ihre Angestellten eine nach dem Berufe abgestufte jährliche Taxe[4].

c. Wollenzunft (Arte di Lana).

Es kann hier nicht meine Aufgabe sein, die Stellung und Bedeutung zu schildern, die die Wollenzunft während ihrer Blütezeit durch mehr als zwei Jahrhunderte im Wirtschaftsleben der Stadt eingenommen hat[5]; auf ihren Leistungen beruht im wesentlichen — neben denen der grofsen Florentiner Banken — die ökonomische Gröfse der Stadt vor allem von der Mitte des 13. bis zu der des 15. Jahrhunderts; auf den Gang der inneren, oft auch der äufseren Politik übt sie bestimmenden Einflufs; mit ihrem Gelde zum grofsen Teil wird das wunderbarste Bauwerk klassischer Florentiner Kunst errichtet; 30000 Menschen sollen nach Villani durch sie ihr

[1] Arte di Seta III, IV und V. Auch gedruckt Firenze 1580 und bei Cantini, Legislaz. della Toscana X 133 ff.

[2] Es sind 1. Setaioli grossi, 2. Orefici e Banchieri chi tengono orerie, argenterie, gioie o altre cose attenenti all 'esercizio dell orefice, 3. Ritagliatori e Fondachai chi tengono panni a taglio non lavorati da loro siccome sin al presente è osservato, 4. Linaioli chi verranno tener mercanzie nominate nella rubrica del Ritaglio, 5. Battiloro, Tiratori, Vellettai.

[3] Es sind 1. Setaioli minuti, 2. Merciai per le cose sottoposte all' arte, 3. Calzaioli, 4. Sarti, 5. Ricamatori ed Accompitori (?) di drappi e panni, 6. Banderai, 7. Materassai, 8. Giubbonai, 9. Accavigliatori, 10. Pettinatori di Tracci, 11. Pettinagnoli, 12. Tintori di Seta e di Refe, 13. Filatoiai, 14. Tessitori, 15. Orditori, 16. Filatori, 17. Maestri di trarre seta.

[4] Die der setaioli grossi, e minuti, e ritagliatori 3 l., der orefici 2 l., der calzaioli und vellettai 1½ l., der merciai 1 l. Doch sind dies Minimalsummen, deren Erhöhung von Fall zu Fall im Belieben der Konsuln steht.

[5] Man vgl. darüber Pagnini l. c. II 80 ff.; Peruzzi l. c.; Manotti, Storia del lanificio in Toscana; Buonazia, L' arte della lana (Nuvia Antologia 13, 327—345).

Brot gefunden haben. Weifs man auch so gut wie nichts über ihre ersten Anfänge[1], so ist es doch bekannt, dafs sie den Grund zu ihrer Gröfse dem Beispiele der Humiliatenbrüderschaft verdankt, die im Jahre 1239 zuerst nach Florenz kam[2], durch eine Reihe ausgedehnter Privilegien an die Stadt gefesselt wurde, dort eine neue Technik der Tuchfabrikation heimisch machte, deren glückliche Erbschaft dann im Laufe des Jahrhunderts die bürgerliche Bevölkerung der Stadt antrat. Die Einzelheiten dieses Prozesses liegen ganz im Dunkeln; nur die Thätigkeit der Zunft in der politischen Entwicklung der Stadt, ihre Teilnahme an der Einsetzung der Priorenbehörde, an dem Erlafs der Ordnungen der Gerechtigkeit wird uns von Schriftstellern und Urkunden überliefert. Ihre Matrikeln setzen weit später ein, als die der Seidenzunft[3]; ihr erstes uns erhaltenes Statut ist erst im Jahre 1307 abgefafst.

So kompliziert und verworren die Untergliederung der gewerblich so bunt zusammengesetzten Zunft vom Marienthore sich gezeigt hat, so verhältnismäfsig einfach ist die ihrer damals noch gröfseren Schwesterzunft. Handelte es sich doch hier um die Organisation eines einzigen Produktionszweiges, allerdings eines solchen, der die regste, intensivste, wenn ich so sagen darf, modernste Arbeitsteilung aufweist[4]. Dort Seiden- und Tuchhändler, Goldschmiede und Waffenhändler durch ein politisch-konstitutionelles Band zu einer Einheit zusammengefügt; hier nur die Vertretung der Wollenverarbeitung, die die rohe Wolle (durch die zur Zunft gehörigen Wollhändler, lanivendoli), empfangen und sie durch alle Stadien des Produktionsprozesses bis zum fertigen Fabrikate weitergeben, während der Verteilungsprozefs, der Detailverkauf,

---

[1] Dafs die Zunft auch schon früher von ziemlicher Bedeutung gewesen sein mufs, beweisen die 7 Konsuln, die im Jahre 1212 an ihrer Spitze erscheinen (Urkunde bei Santini l. c. p. 376. Vgl. auch oben S. 10 f.).

[2] Über die Humiliaten, ihre Organisation und die Art ihrer Wollentuchfabrikation, vgl. Pagnini l. c.

[3] Im Jahre 1304.

[4] Im Sinne der durch Bücher eingeführten Nomenklatur des wirtschaftlichen Teilungsprozesses handelt es sich hier um moderne Arbeitszerlegung im Gegensatz zur mittelalterlichen Berufsteilung. Ist die Wolle einmal in den Besitz des lanaiolo, des grofsen Tuchherrn, übergegangen, so wechselt sie bis zur „Genufsreife“ nicht mehr den Eigentümer; von Hand zu Hand, von einem Stadium des Produktionsprozesses zum andern, wird sie immer nur im Auftrage des „publico maëstro“ weitergegeben. Eine Vereinigung mehrerer dieser Teilprozesse, ihre Ausübung durch die gleiche Person findet sich in Florenz im allgemeinen nicht; der Weber ist nur Weber, der Färber nur Färber etc. — Eine beschränkte Berufsteilung findet sich allerdings daneben, da auch die Hutfabrikanten (cappellarii) und Fellhändler (?) (bucciarii) mit zur Zunft gehören.

schon durch Vertreter einer andern Zunft vor sich geht[1]. Um so reicher entfaltet sich das sociale Leben in der Zunft; die Klassenkämpfe, die am heftigsten in der zweiten Hälfte des 14. Jahrhunderts in Florenz zum Ausbruch kamen, haben sich nicht zum geringsten Teil im Rahmen der Wollenzunft abgespielt.

Das erste Statut — und auch die andern in rascher Aufeinanderfolge erlassenen[2] bis zur Zeit des Herzogs von Athen — lassen uns unter den die aktiven Zunftmitglieder umfassenden Berufszweigen zwei grofse Klassen unterscheiden, die als membra maiora und minora bezeichnet werden. Im ersten Statut tritt allerdings die Scheidung noch nicht mit voller Deutlichkeit hervor; nur in der Matrikel[3] und in der Steuerverfassung macht sie sich geltend; später läfst uns der Wortlaut der Statuten mit gröfserer Sicherheit die Kluft erkennen, die die „veri maestri publici" von den halbberechtigten Klassen scheidet. In der Ämterverfassung stehen schon nach den Bestimmungen des ersten Statuts alle Ämter allein den grofsen Tuchherren offen, und unter diesen auch wieder nur denen, welche jährlich eine Fabrikation von wenigstens 100 fl. Wert aufweisen können[4] — charakteristisch für die durchaus plutokratische, von den andern Zünften abweichende Gestaltung der Zunftverfassung. Zu den niederen Ämtern, dem

[1] Die Scheidung, die in der Seidenindustrie (s. o. S. 73 f.) zu Beginn des 15. Jahrhunderts vor sich geht, ist hier am Anfang des 14. bereits vollendet. Die ritagliatores (Gewandschneider) haben sich von den Grofsfabrikanten losgelöst; gehören auch nicht zu deren Zunft, sondern zu der Arte Por. S. Marie, deren Hauptbestandteil sie ursprünglich bilden. Sie handeln mit einheimischem sowohl als importiertem Fabrikat.

[2] Wir besitzen solche aus den Jahren 1307 (I), cca. 1330 (II), 1333 (III und IV, letzteres mit Zusätzen bis 1337), 1338 (V, mit Zusätzen bis 1361), 1361 (VI, mit Zusätzen bis 1427), 1428 (VII, VIII und IX, Zusätze bis 1589).

[3] Nach dem ersten Statut gab es nur eine gemeinsame Matrikel (Arte di Lana I 1 § 49) in die die lanifices, stamanioli, lanivendoli, tintores, conciatores, affettatores et rimendatores eingetragen werden sollen. In den folgenden Statuten treten an deren Stelle zwei Matrikeln, so, dafs in die erste nur die lanifices, stamanioli und lanivendoli, in die zweite die tintores, affettatores, conciatores, tiratores, manganatores, sensales, cappellarii, gualcherarii, mensuratores, rimendatores eingetragen werden; das zweite Buch heifst liber matricularius membrorum suppositorum arti lane. Erhalten ist uns eine derartige Matrikel erst seit dem Ciompiaufstand und es ist die Frage, ob sie je vorher angefertigt wurde. In der ersten Matrikel werden lanifices und stamifices stets zusammen, die lanivendoli getrennt von ihnen aufgeführt, vgl. Arte di Lana IV, 1 § 13; V 1 § 29 und die Matrikeln XVIII. In der Steuerverfassung zeigt sich der Unterschied vor allem darin, dafs die Tuchfabrikanten nach der Anzahl der fabrizierten Tücher, gebührenartig, besteuert werden, den übrigen Gewerben eine Pauschalsumme von 200 l. als Steuer auferlegt wird (Arte di Lana I 4, § 15; III 1 § 30).

[4] Arte di Lana I und folgende 1, § 1.

Zunftrat[1], dem Schiedsgericht und der Statutenkommission sind auch die Mitglieder zweiten Grades zugelassen, so dafs in der letztgenannten z. B von den 12 zu besetzenden Stellen 8 den „maestri“, die 4 übrigen den lanivendoli, stamanioli, conciatores seu tintores, vagellarii, zufallen[2]. Von der grofsen Masse der hausindustriellen Arbeiterbevölkerung dagegen ist nur in den Paragraphen, die von der Gewerbepolizei handeln, nicht in denen über die Zunftverfassung die Rede; das ganze Proletariat der Zünfte, die Weber und Scherer, die Wollklopfer und Wollkämmer bilden eine völlig rechtlose Klasse, deren wirtschaftliche Abhängigkeit vom kaufmännischen Verleger in einer Reihe von Statuten bis ins kleinste geregelt wird, die aber aus ihrer privaten Existenz erst hervortreten, als die Revolution von 1378 sie zu den Waffen ruft[3].

Schon früher aber begann es sich unter jenen Mitgliedern zweiten Grades zu regen, die — obwohl nicht ganz ohne politische Rechte — dennoch ihre vollkommene durch die Zunftgesetze fixierte ökonomische Abhängigkeit von den Tuchfabrikanten drückend empfinden, in der Erweiterung jener Rechte das wirksamste Gegenmittel gegen jenen Druck erkennen mufsten. Unter diesen bildeten die Färber den wichtigsten Bestandteil, unter den Hilfsarbeitern der Zunft gleichsam eine Klasse für sich; verarbeiteten sie auch nicht eigne Rohstoffe, so waren vielfach doch Arbeitsinstrumente und Färbemittel ihr Eigentum; auf ihren Leistungen, der Güte und Zuverlässigkeit ihrer Arbeit, beruhte nicht zum wenigsten die grofse Wertschätzung, deren sich das Florentiner Fabrikat überall erfreute; gröfserer Vermögens- und Kapitalbesitz gehörte bei ihnen nicht eben zu den Seltenheiten[4]. Dennoch war ihnen diejenige Würde, die allein in der Zunft in allen Angelegenheiten den Ausschlag gab, das Konsulat, durch die Zunftsatzungen verschlossen; und so lange die Bedingungen des Arbeitsprozesses, das Verhältnis zwischen Arbeitgeber und Arbeitnehmer meist nicht in freiem Vertrag, sondern durch einseitige Verordnung, durch polizeiliche Regelung festgestellt wurden, war ihnen jede Möglichkeit auf dieselben einzuwirken durch ihren Ausschlufs vom höchsten Magistrat der Zunft

---

[1] Arte di Lana I 1 § 2; V I § 7.

[2] Arte di Lana I 1 § 38; V I § 15.

[3] Eine eigenartige Stellung nimmt die „Zunft“ der Fell- und Lederhändler (?) (ars cerbollattariorum et bucciariorum) innerhalb des Zunftganzen ein. Sie müssen sich einer gewissen Selbständigkeit erfreut haben, da für sie Sonderbestimmungen erlassen werden und ihre Mitglieder ein Eintrittsgeld zahlen, das nicht der Gesamtzunft zufällt. (Lana I 4 § 9 und 10).

[4] Unter den deliberationes artis lanae sind uns mehrere Verträge erhalten, die die Zunft als Korporation mit verschiedenen Färbergesellschaften eingeht betr. die Errichtung von Magazinen für Färbemittel, z. B. Lana delib. 49, 57. Näheres darüber an anderer Stelle.

genommen. Zwei Wege gab es für sie diesem Zustande abzuhelfen: einen gemäſsigten, sich das Recht auf einen Anteil am Konsulat innerhalb der Zunft zu erringen, einen radikalen, aus derselben auszuscheiden, sich als eigne Zunft zu konstituieren und dann als festgefügte Organisation, als Macht gegen Macht in den Kampf um die Bedingungen des Produktionsprozesses einzutreten[1]. Die Tyrannis des von den Wogen der Volksgunst getragenen, auf das Proletariat sich stützenden Herzogs von Athen bot ihnen die Möglichkeit, diesen zweiten radikaleren Weg mit Erfolg zu betreten[2]. Auf eine am 23. November 1342 eingereichte Bittschrift hin[3], in der sie ihre Beschwerden gegen die Wollenzunft zusammenfassen und um die Gewährung der Rechte einer eignen Zunft ersuchen, werden die Färber, Laugen- und Seifenhändler, Krapphändler und -reiber (tintores, ceneraivoli, saponarii et vendentes seu maccinantes robbiam) unter Leitung von 3 Konsuln als eigne Zunft konstituiert und ausdrücklich von aller Jurisdiktion und Abhängigkeit von anderen Zünften befreit. — Aber mit dem Sturze des Herzogs oder kurz darauf hatte auch die Zunft der tintores ausgespielt. Bereits im Dezember

---

[1] Allerdings findet man bei einer Reihe von Florentiner Autoren die Behauptung, daſs die Färber in jener Zeit eine eigene Zunft gebildet hätten. Ganz abgesehen davon, daſs dann die Petition an den Herzog von Athen gar keinen Sinn hätte, hat man dafür auch nicht einen durchschlagenden Beweis erbringen können. Die Behauptung geht zurück auf Richa; Chiese fiorentine II 203; sie ist dann von Peruzzi l. c. S. 94; von Passerini: Storia degli Stabilimenti di Beneficenza di Firenze S. 99; u. a. nachgesprochen worden. Richa behauptet allerdings, daſs „quest' Arte essendo delle maggiori (!) ed abondando di richezze e di estimazione fioriva nel secolo 13 che non mai piu, und fügt hinzu Benincasa di Manno, der Groſsvater der Caterina von Siena, sei in der Zunft immatrikuliert gewesen; Beweise dafür hat er nicht gebracht. Passerini läſst die Arte dei Tintori gar an der Organisation der Arti maggiori im Jahre 1266 teilnehmen! Das einzige, was mit Sicherheit feststeht, ist, daſs die Università dei Tintori im Jahre 1280 Hospital und Kirche von San Onofrio auf dem Campo di San Salvi gründete (Passerini legt die Gründung fälschlich erst in das Jahr 1339), und von da an unterhielt; es ist aber klar, daſs es sich hier nur um eine kirchliche Brüderschaft handelt, wie wir sie auch bei anderen Gewerben finden, die sicher nie eine gewerbliche Zunft gebildet (z. B. den Wollschlägern, den deutschen Webern in Florenz, den deutschen Schustern in Florenz, Pisa und Lucca, die gemeinsam eine Brüderschaft bildeten u. s. w.) Damit soll nicht gesagt sein, daſs die tintores nicht vielleicht in früherer Zeit vor der politischen Organisation der Zünfte in einer eigenen gewerblichen Genossenschaft vereinigt gewesen sein konnten; nur wissen wir darüber nichts, und seit 1293 spätestens war diese sicher in der Arte della Lana aufgegangen.

[2] Zu dem folgenden vgl. Paoli: Il duca d' Atene im Giornale storico degli archivi toscani VI 206 ff.

[3] Prov. 32 92. Veröffentlicht bei Paoli l. c. p. 210 f.; auf den Inhalt dieser für die damalige Lage der arbeitenden Klasse sehr charakteristischen Beschwerdeschrift gedenke ich an anderer Stelle zurückzukommen.

1343 [1] erscheinen die Färber wieder unter den „suppositi“ der Wollenzunft; in einem stolzen Erlafs erklären die Konsuln, dafs, wer in irgend einem Zweige des Wollengewerbes thätig sei, auch der Jurisdiktion der Zunft unterstehen müsse, keine eignen Verfügungen treffen dürfe; um den Sprüchen ihrer Gerichte Geltung zu schaffen, rufen sie — obwohl über einen eignen Exekutivbeamten verfügend —, die Hilfe der Florentiner Staatsbehörden gegen die Widerspenstigen an [2]. Immerhin war für die tintores ihr revolutionärer Versuch nicht ganz ohne Wirkung geblieben: die grofsen Tuchherren hatten die Macht einer solchen Bewegung kennen und wohl auch fürchten gelernt und kamen nun wenigstens durch eine geringe Konzession den berechtigten Wünschen der Tuchfärber entgegen. — Schon am 1. Januar 1344 wird die Zahl der Konsuln in der Zunft von 8 auf 9 erhöht; möglich, dafs schon damals das hinzugekommene neunte Mitglied des Konsulnkollegs aus den Reihen der Wollfärber genommen wurde [3]; ausdrücklich wird am 1. Januar 1348 ein Konsul als tintor bezeichnet. Und als im Jahre 1347 die Wollenzunft einmal diese Neuerung zu umgehen sucht, da setzen die Färber einen Staatsbeschlufs durch, dafs auch in ihren Reihen durch die Konsuln der Zunft ein scruttinium für die neue Konsulwahl abgehalten werden soll [4]. Im Besitz dieses Rechts zeigt sie uns noch das Zunft-

[1] Lana 41 120. Schon am 27. November (ibid. p. 76) ernennt die Zunft eine Kommission, um ein Magazin von Färbemitteln einzurichten.

[2] Auch dieser Erlafs ist sehr bezeichnend. Arte di Lana V . . . . (Das Heft ist unnumeriert!) Statutum et ordinatum est, quod cum per artem lane et pannorum, que fit in civitate florentie multe familie, homines et persone substentantur . . . . et . . . . decens est quod omnes et singuli qui faciunt dictam artem . . . . sub dicta arte et consulibus respondent et consistunt, ita quod nullum membrum dicte artis, ut sunt tintores et conciatores, battitores ad arcum vel camatum, et tonditores boldronum et omnes qui exercent de ministerio dicte artis lane . . . . per se suum corpus aut collegium non audeant ordinare et ordinatum sit cassum . . . . ipso jure. Et potestas et regimen florentine civitatis ad requisitionem consulum vel castaldi artis lane cogere debeant quemlibet de dicta arte . . . . consulibus respondere . . . . Alle Sprüche und Verurteilungen der Konsuln sollen gültig sein . . . . non obstante quod non sit servatus Juris ordo et . . . . non obstante aliquo constituto communis Florentie. Salvo quod tiratores et omnes predictam artem facientes, qui dicerent se subesse dictis consulibus vel arti . . . possint eorum ministerium facere . . . non obstante aliquo capitulo communis vel artis.“ Dieser letzte Zusatz ist mir im Zusammenhang nicht recht verständlich geworden. Möglicherweise hatten die tiratores für sich unter der Tyrannis innerhalb der Zunft gewisse Sonderrechte errungen, die ihnen jetzt gewahrt werden.

[3] Dies geht hervor aus einer uns erhaltenen Konsulliste der Zunft (Arte di Lana 32). Die Zahl schwankt bis 1378 zwischen 8 und 9; als Begründung für die letztere Zahl wird 1370 (Lana 56, 11) einmal angegeben, dafs die Conventus Ultrarini und S. Martini weit mehr Mitglieder als die andern zählen und deshalb aus beiden abwechselnd ein 9. Konsul genommen werden solle.

[4] Prov. 36, 110. Die Ausführung des Ratsbeschlusses erfahren wir durch Lana, delib. 42, 64: Die Konsuln wählen 4 de membro tintorum, quod ipsi reducant . . . . omnes et singulos mercatores et artifices mem-

statut vom Jahre 1361 [1]: zwar ist die Zahl der Konsuln wieder auf 8 beschränkt, aber auf das Konsulat sowohl als auf die andern Ämter der Zunft haben die Grün- und Waidfärber ein verfassungsmäfsiges Recht; wer von ihnen beim scruttinium die nötige Zweidrittelmajorität erhalten hat, dessen Name wird ebenso wie der jedes gewählten Tuchherrn in einen der 4 Wahlbeutel eingefüllt [2].

Hatte so der Revolutionsversuch von 1343, wenn auch in seiner ersten radikaleren Form fehlgeschlagen, dennoch in seinen Folgen den Färbern eine geringe Verbesserung ihrer Lage in der Zunft gebracht, so hatten die ursprünglich auf gleicher Stufe mit jenen stehenden Mitglieder zweiter Klasse in keiner Weise ähnliche Errungenschaften für sich aufzuweisen. Das Statut von 1361 bietet in dieser Beziehung im wesentlichen nur eine Wiederholung der früher erlassenen Bestimmungen: ja es wird ihnen jetzt nicht einmal mehr wie früher die Zulassung zum Zunftrat und zu den andern niederen Beamtungen statutarisch garantiert. Da aber die Zusammensetzung desselben jetzt mit Hilfe des scruttinium, das heifst durch eine Kombination von Wahl und Auslosung erfolgt, und da die Auswahl der Qualifizierten (apti ad consilium) fast ganz in den Händen der Konsuln lag, da endlich im Konsulat die lanifices die erdrückende Mehrheit besafsen, so dürften die Aussichten der andern membra, im Zunftrat Sitz und Stimme zu erlangen, keine allzugrofsen gewesen sein [3]. Noch immer bestehen die beiden getrennten Matrikeln; nur diejenigen, welche in der ersten verzeichnet sind, dazu die tintores, haben Anspruch auf Zulassung zu allen Ämtern der Zunft [4].

Unterhalb dieser zweiten Klasse aber lebte die grofse Masse der niederen Handarbeiter ohne jedes aktive Zunftrecht und in völliger Abhängigkeit von den grofsen Tuchherren dahin. Wohl hatte es auch in ihren Reihen zu gären begonnen [5], auch war es zu Streik- und Aufstandsversuchen gekommen [6],

---

bri tintorum dicte Arti suppositorum .... sufficientes ad consulatum dicte artis. Die tintores geben dann 18 tintores erbis und 9 tintores guadi an; unter diesen 27 wird von den Konsuln das scruttinium abgehalten.

[1] Lana VI 1 § 1.

[2] Auch im Jahre 1361 nehmen die cappellarii eine Sonderstellung in der Zunft ein: ihre „ordinamenta“ sollen von den Konsuln approbiert werden, und nur die bestätigten sollen Geltung haben. Das Eintrittsgeld fällt jetzt an die Gesamtzunft (Lana VI, 1 § 32).

[3] Lana VI 1 § 11. In ähnlicher Weise wird das Amt der Operarii di Sa. Riparata, (der Dombaukommission), des Kämmerers u. s. w. besetzt.

[4] Ibid. VI 1 § 24.

[5] Die „scardassieri“ sollen vom Herzog von Athen ein „gonfalone“ erhalten haben, um das sie sich dann später beim Ciompiaufstand versammeln.

[6] Chronica di Donato Velluti p. 118. Am 24. März 1345 wird ein Wollkämmer mit seinen beiden Söhnen verhaftet: imperochè ....

aber einen Erfolg hatten sie sich bisher nicht zu erringen vermocht. Seitdem indessen die Episode des Herzogs von Athen, daran anschliefsend die Errungenschaften der Färber, sie die Kraft einer selbständigen Organisation hatten kennen lehren, seitdem dann die Folgen der grofsen Pest durch Minderung des Angebots an Arbeitskräften den Übriggebliebenen im Kampf um die Produktionsbedingungen eine bessere Stellung und damit ein gehobenes Selbstbewufstsein[1] gebracht hatten, war es in diesen untersten Schichten der Florentiner Bevölkerung nicht mehr zur Ruhe gekommen[2]. — Nicht umsonst erläfst das Statut von 1361 zum erstenmal ein strenges Verbot gegen alle coniurationes in der Zunft; jede Versammlung, an der über 10 Mitglieder teilnahmen, sollte ohne ausdrückliche Erlaubnis der Konsuln — und wodurch war diese wohl zu erlangen? — verboten sein[3]. Auch in den Reihen der Färber begann es sich wieder zu regen; an die Stelle einseitiger Gesetzgebung von seiten der Arbeitgeber war jetzt die Majorisierung ihres Konsuls durch seine 8 Kollegen von

volea fare una compagnia a Sa. Croce, e fare setta e ragunata cogli altri lavoranti di Firenze, cioè pettinatori e scardassieri. Als diese von der Verhaftung Kunde erhalten, incontanente veruno non lavorio e istettonsi e non voleano lavorare se 'l detto Cinto non riavessino e andaronne i detti lavoranti a' Priori pregando gli che 'l detto Cinto facessono ch' eglino il riavessino sano e lieto, e detti lavoranti tutta la terra misono a bollare, che sela sarebbono, se 'l detto Cinto non riavessino sano e lieto, e anche voleano essere meglio pagati. Ein ähnlicher Arbeiterkrawall folgte 1370 in Siena (Muratori script. rer. Ital. XV, 224).

[1] Die Zunft setzt am 19. Dezember 1348 (Lana delib. 42, 78) eine Kommission ein, die die Löhne, deren Festsetzung sonst meist dem Privatvertrage überlassen war, von Zunft wegen festsetzen soll: considerantes, quod factores, disciputi et laborantes in Arte lane et misteriis spectantibus ad dictam Artem .... petunt tam magna salaria et mercedes, quod per artifices et magistros dicte Artis non possit dicta Ars manteneri ex eo, quod damna non modica substinerent.

[2] Man lese darüber nur die Klagen der aristokratisch gesinnten Schriftsteller, z. B. Matteo Villani.

[3] Lana VI 1 § 9: Nulli membro huius artis aut alicui vel aliquibus arteficibus .... dicte artis aliquo modo .... liceat .... contra officium consulatus vel hanc artem vel artifices dicte artis aut contra eorum honorem iurisdictionem baliam potestatem sive auctoritatem .... facere aliquam doganam, posturam, iuramentum, coniurationem, statutum, cohadunationem et macchinamentum sub pena lbr. 200 .... pro qualibet cohadunatione et pro quolibet capitaneo, consule vel rettore... Qui capitaneus .... perpetuo sit vetitus ab arte et omni beneficio ac ministerio dicte artis .... Et pro observatione dicti statuti .... teneantur consules .... facere Jurare omnes et singulos stamaniolos et lanivendolos et iurare et satisdare ab omnibus et singulis tintoribus rimendatoribus manganatoribus sensalibus et omnibus aliis cuiuscumque membri dicte artis .... Die Erwähnung der capitanei etc. deutet deutlich darauf hin, dafs man eine Sektenbildung fürchtet und unterscheidet diese Bestimmung von dem sonst sich häufig findenden Verbot der monopolia etc.

den Tuchherren getreten; ihre ökonomische Lage hatte trotz des Erfolges von 1343 keine wesentliche Besserung erfahren. So haben sie es denn auch im Jahre 1370 mit einem gut organisierten Streik versucht, worauf die Tucher — in ganz moderner Weise — mit einer 10jährigen Sperre über alle diejenigen antworteten, die binnen einer bestimmten Frist die Arbeit nicht wieder aufnähmen [1]. — Es waren Vorboten des Sturms, der im Jahre 1378 zum Ausbruch kam.

Über den Ciompiaufstand, seine Ursachen, seinen äufseren Verlauf, seine Folgen und seine Bedeutung für die Entwicklung des gesamten, wirtschaftlichen, socialen und Verfassungslebens in Florenz habe ich an dieser Stelle nicht zu handeln. In den zahlreichen Abhandlungen und eingehenden Studien, die über ihn veröffentlicht worden sind, ist er von fast allen Seiten beleuchtet worden; von der Auffassung als rein socialer Revolution bis zu der eines reinen Parteienkampfes um die politische Macht, ohne Beimischung irgend eines Elementes von socialem Charakter, hat so ziemlich jede Ansicht ihre Vertreter gefunden; und neben solchen, die in der ganzen Bewegung nichts anderes als wüsten Strafsentumult erblicken, sind andere — besonders Franzosen — auf den Plan getreten, die in ihm schon ein Wetterleuchten der grofsen Revolution von 1789, oder eine Hauptetappe auf dem Wege des socialen Emancipationskampfes der arbeitenden Klasse finden zu müssen glauben [2]. Für uns wird es genügen, auf den Punkt hinzuweisen, der einerseits gerade für unser Thema von Bedeutung, andererseits von der ganzen bisherigen Forschung nur wenig berücksichtigt ist: die Einwirkung nämlich, die die Ereignisse des Sommers 1378 auf das innere Leben der Zünfte ausübten, die Veränderungen, die sie in der Gestaltung derselben her-

[1] Considerantes quod nonnulli tintores guadi propter insidias faciendas dicte arti de tinta guadi ad hoc ut carestia tinte guadi diveniat artificibus dicte artis cessaverunt et cessant dictam artem et misterium tinte guadi exercere sperantes habere ab arteficibus dicte artis si eos dictum misterium exercere contingeret habere (sic!) ea pretia que volent .... bestimmen die Konsuln: quod nullus tintor guadi, qui a 2 annis citra dictam artem et misterium tinte guadi fecit .... et ad presens ipsam artem et misterium tinte guadi non exercet ... possit ... hinc ad 10 annos .... tingere seu ad tingendum recipere pannos vel lanam alicuius vel cum aliquo artefice vel supposito dicte artis ....

[2] Man findet die meisten dieser verschiedenen Auffassungen zusammengestelt bei Falletti-Fossati: Il tumulto dei Ciompi S. 5 ff. Später hat Corazzini einige wichtige neue Quellenschriften zur Geschichte jener Zeit entdeckt, die auch im folgenden vielfach benutzt sind. (Cronache e documenti, con notizie intorno alla vita di Michele di Lando.) Von den Franzosen, die sich mit besonderer Vorliebe mit diesem Gegenstand beschäftigt haben, seien als die wichtigsten — aufser Perrens — nur Simonin: Une insurrection ouvrière à Florence en 1378; Quinet in Les révolutions d' Italie; Zeller in Les tribuns et les révolutions en Italie genannt.

vorriefen und die auch mit der Niederwerfung der revolutionären Volksbewegung keineswegs ihr Ende erreicht hatten.

Rekapitulieren wir kurz zur Orientierung die äufseren Ereignisse, auf die es hier ankommt. In die Bewegung, die im Juni ausbrach und sich zunächst nur gegen die immer mehr in eine Art Diktatur ausgeartete Macht der „Welfensekte“ (parte guelfa) richtete, waren mehr und mehr die untersten Volksschichten hineingezogen worden, hatten das Übergewicht ihrer physischen Macht zu gebrauchen gelernt und nach dem geglückten Tumult vom 20. Juli sich der politischen Herrschaft in der Stadt bemächtigt. — Unter der klugen, energischen Leitung des ehemaligen Wollkämmers, späteren „Faktors“ [1], Michele di Lando, gab sich die siegreiche Masse des popolo minuto dann in den letzten Tagen des Juli ihre Organisation als „dritter Stand“ neben den höheren und niederen Zünften; gar manche Gewerbe wufsten sie aus den Reihen derselben zu sich hinüberzuziehen und in die neuen Ordnungen, die sie sich setzten, zu verflechten. Bei allem aber hatten die Wollarbeiter, die Sottoposti dell' arte di Lana, die eigentliche Führung [2]; in allen drei Zünften, die jetzt neu gebildet werden, sind sie vertreten. Ihre Hauptmasse, nach einem Bericht etwa 9000 Mann stark, bildete die unterste derselben, die Zunft der eigentlichen „Ciompi“; kein Zweifel, dafs sie wenigstens seit dem 20. Juli das eigentlich treibende Element der ganzen Bewegung waren [3]. Weit weniger

---

[1] Er führte in einer Manufaktur die Aufsicht über die Wollkämmer, als der Aufstand ausbrach.

[2] Sehr charakteristisch dafür ist eine Stelle bei Gino Capponi, einem Wortführer der herrschenden Klassen (Tumulto dei Ciompi S. 311 ff.): che gli scardassieri, i pettinatori, i vergheggiatori, i tintori, i conciatori, i cardaioli, i pettinagnoli, i lavatori e altri bomboni che sono sottoposti all' arte della lana non vi vogliono più essere sottoposti e non vogliono che l' Ufficiale s' intenda essere più per loro, nè con lui aveva a fare più nulla, imperciocchè dicono essere molto male trattati si dall' Ufficiale che per ogni piccola causa gli tormenta e si da maestri lanaioli che molto male gli pagano, che del lavorio che si viene 12 ne danno 8. Il perchè questi cotali dicono che vogliono consoli per loro e non vogliono avere a fare ne con lanaioli, ne con loro ufficiale e anche dicono che vogliono avere parte nel reggimento della città. Man vergleiche auch die von tiefem staatsmännischem Verständnis getragene Schilderung bei Macchiavelli: Istorie fiorent. Buch III 45 f.

[3] Vgl. vor allem Marchionne di Coppo Stefani (Delizie degli Eruditi XV 17—22), cioè Scardassieri, Pettinatori, Vergheggiatori, Lavatori, Purgatori e Rivenditori ed altri membri, e sollevarono .... costoro, e stimarono, che 'l martedi si levassero ad arme .... e domandassero di fare un 'Arte. Merkwürdigerweise werden in keinem Berichte die Wollweber genannt. Im Vordergrund stehen überall die scardassieri, die auch bei den Novellisten Boccaccio, Sacchetti immer als typische Vertreter der untersten Volksschichten genannt werden.

einheitlich und geschlossen waren die beiden anderen neuen Bildungen ausgefallen: in der einen derselben hatte man die technisch geschulten höherstehenden Arbeiter der Seiden- und Wollenzunft zusammengefafst, in der andern noch bunter Wamshändler, Schneider, Huthändler, Bandwirker, Netzemacher und Tuchglätter mit den — Barbieren zu einer Einheit verschmolzen; aus den verschiedensten alten Zünften hatten sich die Elemente losgetrennt, die hier von jetzt an gemeinsamem Gericht und einheitlicher Verwaltung unterstellt sein sollten [1].

Es waren Bildungen der Strafse, des Tumults, des Augenblicks; in ihrem Wesen durchaus dem Zwecke angepafst, den es zunächst zu erreichen galt, ohne Rücksicht auf dauernde Lebensfähigkeit, auf wirtschaftliche Zusammengehörigkeit, auf sociale Gemeinschaft. Bald kehrte sich die unterste derselben gegen die eignen Kampfgenossen; einen Staat im Staat wollten sie bilden [2], und durch den von ihnen selbst emporgehobenen Führer werden sie im Strafsenkampf des 29. bis 31. August niedergeworfen, ihre Korporation aufgelöst, sie selbst wieder in die Wollenzunft eingereiht. Von einer wirklichen Organisation ihrer Zunft kann während dieser kaum mehr als einmonatlichen Episode nicht die Rede gewesen sein; kein Dokument giebt uns von dem inneren Leben derselben Kunde.

Ein etwas längeres Dasein hatten die beiden andern neugebildeten Zünfte, die sich rechtzeitig von der Masse des Arbeiterproletariats getrennt hatten, um in seinen Sturz nicht mit verwickelt zu werden. Nach Wiederherstellung der Ordnung und nachdem eine Verfassungsrevision durch die neuen Prioren eingeleitet war, erhielten sie jetzt als 15. und 16. Zunft die offizielle Anerkennung als politisch berechtigte Korporationen; und der September brachte ihnen dann schon auf eine Petition hin die nähere Formulierung ihrer politischen Rechte [3]: für ewige Zeiten sollen sie den 21 Zünften beigesellt sein und gleiche Rechte mit diesen haben; ihre Mitglieder

---

[1] Die Berichte über die Zusammensetzung der beiden Zünfte weichen vielfach von einander ab. Ich folge den beiden einzigen urkundlichen Angabon darüber, die ich finden konnte (Arte di Seta I Fol. 330 u. Prov. 68, 24). 1. ars farsettariorum, cimatorum, sartorum, et barberiorum, retaviolorum, cappellariorum et banderariorum, 2. ars tintorum, cardatorum et facientium cardos, saponariorum, cardaiolorum, pettinagnolorum, tiratorum, rimendatorum et tessentium drappos et lavatorum. Damit vgl. man: Diario dello squittinatore ed. Corazzini p. 32 (das die Zahl der Mitglieder beider Zünfte auf 4000 angiebt), und March. di Coppo Stefani (Del. degli Eruditi XV 25).

[2] Vgl. darüber vor allem Falletti-Fossati l. c. p. 269 ff. Es kann kein Zweifel sein, dafs das Proletariat damals auf eine Tyrannis hinstrebte und dafs eben diese Tendenzen Anlafs zu seinem Sturze boten.

[3] Provisio vom 22. September 1378 (Prov. 68, 24 ff.) Vgl. auch G. Capponi, Storia di Firenzo I 599.

sollen von jedem Anspruch andrer Zünfte frei sein; nur aus den Reihen des am 1. September unterdrückten „popolo minuto“ dürfen sie niemandem Aufnahme gewähren.

Auch über die innnere Organisation der beiden werden wir genau unterrichtet: bei ihrer buntgewürfelten gewerblichen Zusammensetzung war hier eine Unterteilung in membra von vornherein vorgeschrieben. Von den 6 Konsuln in der Zunft der „farsettai“ sollen das eine Mal je zwei von diesen und den Tuchglättern, je einer von den Schneidern und den Barbieren genommen werden; das nächste Mal je zwei von diesen, einer von jenen. Noch umständlicher war das Wahlgeschäft in der Färberzunft: nicht weniger als 12 Konsuln — eine von keiner andern Zunft erreichte Zahl — werden ihnen zugestanden; von diesen sollen 4 von den Färbern der verschiedenen Gattungen, 3 aus der Abteilung der Seifenhändler und Kämmer, 2 aus der der Kammmacher, je einer aus der der Wollzieher und Tuchflicker, der der Seidenweber und der der Wäscher schmutziger Wolle genommen werden[1].

Vor allem die Färberzunft wufste nun ihre neuerrungenen politischen Rechte in einer Weise auszunutzen, die den Tuchern den Wert einer festen Organisation im Kampf um die Bedingungen des Arbeitsmarkts bald genug zu fühlen gab. Man hatte es hier — sehen wir von der kurzen Episode von 1343 ab — zum erstenmale mit einer Genossenschaft von Arbeitern zu thun, und der Unterschied ihrer socialen Zusammensetzung gegenüber allen andern Zünften zeigt sich vor allem in der überwiegenden Rolle, die den jugendlichen Elementen in derselben zufiel: wird doch unter den Konsuln derselben gar mancher Geselle und Arbeiter genannt[2], und übten doch nach Marchionne di Coppo sogar die Lehrlinge ein terroristisches Regiment gegenüber den älteren und erfahreneren Meistern aus[3]. Was aber die Hauptsache war: man emanci-

---

[1] In Wirklichkeit scheint die Zahl der Konsuln nicht immer genau innegehalten worden zu sein, z. B. werden in dem Scruttinium vom 16. August 1380 für das dritte Quartal 7 Konsuln der farsettai, 13 der tintori erwähnt (Mercanzia, delib. 197).

[2] Die reicheren Färber hielten ihrerseits wieder einen oder mehrere „Gesellen“ (laborantes).

[3] Vgl. Urkunde 5 im Anhang. Wie sehr sich in den Anschauungen der Zeitgenossen das bis 1378 bestehende Verhältnis als das allein mögliche und billige festgesetzt hatte, zeigt deutlich eine Stelle bei March. di Coppo Stefani (Delizie degli Erud. 16, 50 f.) Questa Arte de' Tintori presero tanta audacia che non avendo rispetto a chi essi erano cioè alla città se non a propria loro utilità che essi che soleano essere retti e sottoposti a' Lanaioli, e da loro ricevere leggi, a' loro statuti essere sottoposti pigliarono tanto d' arroganza che dove tutte l' altre Arti hanno di torre tanto di manifattura e non più . . . questi feciono leggi che tanto si togliesse della tale cosa e chi ne togliesse meno cadesse in pena. Questo fu tanto strana a' Lanaioli e abbominevole (!) a' citta-

pierte sich im Lohnkampfe; als gleichberechtigte Faktoren des Produktionsprozesses treten sich die ehemaligen Meister und Untergebenen, nicht im Einzelvertrag, sondern gruppenweise organisiert gegenüber und an Stelle autoritativer, einseitiger Entscheidung tritt ein Schied der Stadtbehörden, wie auch sonst wohl zwischen autonomen, gleichberechtigten Zünften; hatte man doch den öfters in den Statuten der Wollenzunft festgesetzten Maximallöhnen einen Minimaltarif entgegengesetzt, an den alle Mitglieder der Färberzunft bei Strafe gebunden waren[1]. — Dürfen wir Marchionne di Coppo Glauben schenken, so wäre es, trotz des Schiedsspruchs der Prioren, bei dem sich beide Teile nicht beruhigt zu haben scheinen, beinahe wieder zu Tumult und Aufruhr gekommen, und die Furcht davor hätte dann den Streit zu Gunsten der „Armen“ entschieden.

Es war der letzte Erfolg, der ihnen beschieden war. Die ökonomische Macht, die Anschauungen der Zeit, die Notwendigkeit für die damalige Form des kapitalistischen Betriebs — wollte man seine Überlegenheit auf dem Weltmarkt nicht einbüfsen —, unbedingt über den Arbeitsmarkt zu verfügen: alles drängte daraufhin die Färber und die andern Hilfsarbeiter wieder in die alte Abhängigkeit von der Wollenzunft zurückzubringen. — Zuletzt entschieden Momente der inneren und äufseren politischen Geschichte: in den Reihen der Arbeiter selbst herrschte Unfriede, man empörte sich gegen die eignen Führer; und gegenüber den von innen und aufsen drohenden Gefahren, den zahlreichen mühsam unterdrückten Verschwörungen der Wollarbeiter, die im September 1378 in die Verbannung getrieben waren, der Beunruhigung durch fremde Söldnerbanden, zeigte sich die Popularregierung ihrer Aufgabe in keiner Weise gewachsen. Die kaufmännische Aristokratie erkannte, dafs man ihre Leitung auf die Dauer noch nicht entbehren konnte: nach einer neuen Verschwörung erzwang sie durch eine bewaffnete Demonstration am 21. Jan.

---

dini che fu oltre a misura; perocchè li Tintori ricchi convenia torre il soperchio e non era loco rincarato la loro mercatanzia, ma avvenia che li discepoli erano Consoli e non gli maestri, erano compagni da beffe e fu tanto la cosa innanzi, che le botteghe per paura assentirono a' discepoli Fu detestabile questa cosa perchè era inferma la città per le novità d'intorno, ch' assentire convenne di rimetterla ne' Priori, e non si contastò e non ebbe affetto, e quasi fù la città sotto l'arme. Ma poi s' acconciò con danno de' Lanaioli e de' ricchi, e poveri acquistarono iuridizione e prezzo.

[1] Weniger hören wir von der andern Zunft, der der Farsettai. Am 17. Mai 1379 (Mercanzia 197) wird den 7 officiales mercanzie von der Kommune Vollmacht erteilt, die neu erlassenen Statuten dieser Zunft zu approbieren. Sie fügen daraufhin einige hinzu, in denen es sich hauptsächlich um die Abgrenzung gegen die Zünfte der rigattieri e linaioli, und der Por. S. Maria handelt.

1382 (unseres Stils) eine neue Verfassungsrevision; auch hierbei fiel den Tuchern wieder die Führung zu[1]. — Aber sie waren klug genug, den Sieg nicht in einer Weise auszunutzen, der neue Aufstandsversuche mit Notwendigkeit hätte herbeiführen müssen. — Durch mäfsige Zugeständnisse suchte man den im Jahre 1378 erhobenen Forderungen entgegenzukommen; vor allem galt es auch die Verbannten wieder nach der Stadt zu ziehen, da in den verflossenen drei Jahren der Mangel an Arbeitskräften sich wohl schon in empfindlicher Weise für die Tucher fühlbar gemacht hatte[2].

Zunächst wurden die beiden noch bestehenden Zünfte aus dem Jahre 1378 aufgelöst, ihre Mitglieder den Genossenschaften zugeteilt, zu denen sie vor dem Ciompiaufstand gehört hatten. Durch Beschlufs des grofsen Rats wird fernerhin verfügt, dafs 2 Konsuln in der Wollenzunft aus den Reihen der jetzt ihr aufs neue unterworfenen höheren technischgeschulten Hilfsarbeiter genommen werden sollten. Damit war eine der wichtigsten Forderungen derselben befriedigt[3]. — Die Wollenzunft aber begnügte sich damit nicht; es müssen sehr dringende Gründe wirtschaftlicher Natur gewesen sein, die sie zwangen, kurz darauf diesen von der Kommune bewilligten Zugeständnissen noch einige weitere hinzuzufügen und dabei sogar der verhafsten „Ciompi“ zu gedenken. Schon am 31. März erlassen die Konsuln einen autonomen Zunftbeschlufs, der die Anfertigung einer dritten Matrikel zu den beiden, die bis dahin in der Zunft geführt wurden, verfügt. In derselben sollen alle jene proletarischen Hilfsarbeiter, die bisher ohne alle Rechte gewesen waren, ebenso die Gehilfen und Lehrlinge der Tucher Aufnahme finden und damit von jetzt an in die Rechte von aktiven Mitgliedern der Zunft eintreten; sie alle sollen nach fünfjähriger Arbeits- oder Dienstzeit in der Wollenindustrie, gegen Nachzahlung von 11½ lb. Eintrittsgeld das

---

[1] Das nähere über die äufsere Geschichte dieser Jahre, die infolge widersprechender Nachrichten der Quellen noch vielfach im Dunkeln liegt, bei Perrens (VI 1 ff). Die Statuten der Wollenzunft lassen uns fast gänzlich im Stich; nur aus den deliberationes erfahren wir einiges von den Vorgängen der damaligen Zeit.

[2] An einzelnen Aufstandsversuchen hat es natürlich doch nicht gefehlt, aber sie wurden ohne Mühe niedergeschlagen.

[3] Provisiones vom 21.—23. I. 1382 (st. mod.). Vgl. auch Cronachetta Strozziana (ed. Corazzini) S. 143; und die andern Schriftsteller. Unter den beiden Konsuln soll sich immer ein Färber, und abwechselnd einer aus den andern membra befinden. Siehe unten Urkunde VI im Anhang. Übrigens hatte auch in anderer Hinsicht der Aufstand den Arbeitern manchen Erfolg gebracht, z. B. war 1378 das Amt des officialis forestieris, des Exekutivbeamten der Zunft, aufgehoben werden. Als es dann im Januar 1379 wieder neu errichtet wird (Lana 13, 333), werden doch seine Befugnisse sehr eingeschränkt, sodafs die Arbeiter gegen willkürliche Vergewaltigung geschützt waren.

Recht haben, sich als „veri lanifices et artifices“, als Tucher, in die erste Matrikel eintragen zu lassen und damit selbst zu Arbeitgebern aufrücken. Die Kluft zwischen Kapital und Arbeit sollte durch gesetzliche Regelung überbrückt werden[1]. Am 20. Oktober ging man dann noch einen Schritt weiter. Den in der zweiten Matrikel eingetragenen Mitgliedern zweiten Grades, den Färbern und mit diesen auf gleicher Stufe Stehenden, die bereits von der Kommune das Recht auf 2 Sitze im Konsulat sich erworben hatten, wurde jetzt „ex pura et vera liberalitate dicte artis lane“ — man sieht die gut gespielte Herablassung des Siegers, hinter der sich aber wohl recht egoistische Nützlichkeitsmotive verbergen, — das Recht auf 10 Sitze im Zunftrat[2] und auf die Wahl zum Amt der Operai di S^a Maria del Fiore, der Baukommissare für den Dombau, zugestanden; sechs Tage darauf wird für diese Berufe das abgestufte Eintrittsgeld im einzelnen festgesetzt[3]. —

Es war — rein äufserlich betrachtet — ein grofser Erfolg der arbeitenden Klassen gegenüber dem käufmännischen Verlegertum: die Frage war, ob sich die thatsächlichen Verhältnisse dem Wortlaut der Gesetze anpassen würden, ob, was auf dem Papier stand, innere Kraft genug hatte, die Stellung der einzelnen Elemente des Produktionsprozesses zu einander — denn darum handelt es sich doch in letzter Linie — von innen heraus umzuformen. In dem gesetzlichen Zugeständnisse an die Ciompi, nach verhältnismäfsig kurzer Zeit in die Reihen der Kaufleute aufrücken zu dürfen, lag ein prinzipieller Bruch mit den Traditionen der Zunft; wenn man will ein Rückfall in die längst überwundene Epoche handwerksmäfsiger Produktion, in der, wer heute Arbeiter war, morgen zum Meister aufrücken konnte. In der ersten Zeit des Übergangs zu kapitalistischer Produktionsweise mochte wohl ein ähnlicher

---

[1] Arte di Lana, delib. 46, 134 ff. Vgl. Urkunde VI im Anhang.

[2] ibid. 46, 143. Nach den Partite di Arte di Lana 43, am Ende sitzen damals 3 tintores, 2 cimatores, 1 tirator und 3 ohne Berufsbezeichnung im Zunftrat.

[3] Die Abstufung derselben ist interessant, weil sie uns einen Einblick in das durchschnittliche Einkommensverhältnis und wohl damit auch die sociale Stellung der einzelnen Klassen höherer Arbeiter gestattet. Es hatten zu zahlen:

a)	Die tintores guadi seu tintores robie et artis maioris et saponarii	12 lb.
b)	cardaioli et pettinagnoli	6 „
c)	conciatores pannorum caput ministerii dicti membri	10 „
d)	tiratores, affettatores pannorum, cimatores . .	10 „
e)	cappellarii, pelacani, rimendatores et mensuratores, lavatores lane et guadi	6 „

Diejenigen, die in der Zunft gedient haben, zahlen überall die Hälfte. Nach den verschiedenen Berufen bilden sie 11 verschiedene membra; als 12. kommt dann noch das der lanaioli del contado dazu.

Zustand in Geltung gewesen sein, jetzt sorgten die veränderten ökonomisch — technischen Produktionsbedingungen, die Notwendigkeit gröfserer Kapitalskonzentration dafür, dafs der Beschlufs zunächst auf dem Papier blieb und auch dort allmählich, ohne durch einen Gegenbeschlufs formell aufgehoben worden zu sein, thatsächlich in Vergessenheit geriet; wie hätten auch die proletarischen Weber, deren Lohn — im Gegensatz zu dem der Färber — dem freien Einzelvertrag meist überlassen blieb, denen es aber durch den gänzlichen Mangel eignen Kapitals und das erneute Verbot eigner Organisation unmöglich gemacht war, sich dauernd bessere Lohn- und Arbeitsbedingungen zu erringen, in fünf Jahren ein Kapital ersparen können, das ihnen erlaubt hätte nun ihrerseits als Unternehmer aufzutreten; wo hätten sie den nötigen Kredit, die Kenntnis der Absatzbedingungen, die kaufmännische Erfahrung gefunden? Jene dritte Matrikel scheint niemals angefertigt worden zu sein, und in den langen Matrikellisten der Tucher habe ich auch nicht ein einziges Beispiel finden können, das auf die Herkunft eines Wollherrn aus dem Weberproletariat, ein Aufsteigen des Arbeiters zum Kapitalisten hingedeutet hätte [1].

Aber auch die höheren technisch geschulten Arbeiter der Zunft hatten sich der ihnen im Jahre 1382 zugestandenen Rechte nicht lange zu erfreuen. Sobald im Jahre 1393 mit Maso degli Albizzi die schärfere Tonart der aristokratischen Reaktion in der Regierung der Republik vorzuherrschen begann, genügte eine neue bald entdeckte Verschwörung, die die Wiederherstellung der „24 Zünfte" auf die Fahne geschrieben hatte, um auch die Färber — unter dem Vorwand der Aufrechterhaltung der Ordnung — auf den status quo ante 1378 zurückzuwerfen [2]; eine von der Wollenzunft eingesetzte Viererkommission „ad reformationem status artis" scheint diese Verfügung getroffen zu haben. Seitdem verschwinden ihre Konsuln aus den Konsularlisten der Zunft; aufs neue beginnen ihre Klagen über schlechten Lohn und ungerechte Behandlung [3]; und wenn sie auch weiter als membra der Zunft

---

[1] Auch dies konnte alles hier nur angedeutet, nicht im einzelnen ausgeführt werden; das soll bei der Betrachtung der wirtschaftlich socialen Verhältnisse in der Wollmanufaktur im einzelnen geschehen. Hier und da war man allerdings gezwungen, auch einzelne Weber mit halbamtlichen Stellungen zu betrauen, weil sie allein über die nötige technische Detailkenntnis verfügen. So werden 1451 neben 4 lanifices auch 2 textores zu examinatores defectuum textorum gewählt (Lana, delib. 53, 18).

[2] Balia von 1393/94.

[3] Lana delib. 48, 12: tintores tam de guado quam de arte maiore querelas exposuerunt contra ipsorum (sc. balie) officium asserentes, quod eis non solvitur a lanificibus prelibatis de pecunia sed de panno, quod oportet cum ipsorum damno disgerere et quod nisi aliter provideatur nequeunt suum ministerium exercere. Diese Zahlung in Waren

betrachtet, regelmäſsig eingeschätzt und besteuert werden, so scheinen doch die wenigsten das relativ hohe Eintrittsgeld gezahlt zu haben[1], sondern, wie die niederen Arbeiter, als rechtlose suppositi behandelt worden zu sein. So war der Zustand, als die Zunft im Jahre 1428 ihre Statuten[2] von Grund aus revidierte[3]; so ist es im wesentlichen geblieben bis zum gänzlichen Verfallen der Zunft mit dem Aufkommen der west- und nordwesteuropäischen Industrien und bis zur Reorganisation aller Zünfte unter der Monarchenherrschaft der Medicäer.

---

war schon 1384 (delib. 46, 170), wie man sieht ohne Erfolg, verboten worden. Jetzt wird wiederum einer Kommission von 8 lanifices eine neue auſserordentliche Vollmacht (balia) erteilt, über den Zahlungsmodus an die Färber und andere Arbeiter (suppositi) Verfügungen zu treffen.

[1] Ihre Matrikel, die nach den Statuten schon mindestens seit 1337 geführt worden sein müſste, ist uns erst seit dem Jahre 1382 erhalten (Arte di Lana 27). Liber matricularius membrorum artis lane civitatis florentie continens in se tintores guadi et tintores erbe et artis maioris, saponarios, cardaivolos, pettinagnolos, affetatores seu cimatores, conciatores, tiratores, rimendatores et mensuratores, manganatores, gualcheraios, lavatores lanarum sucidarum, pelacanes, cappellarios, sensales lanarum, facientes in comitatu vel districtu florentie pannos de lana nostrate et omnes alios membros et de membris suppositis dicte arti lane. Einige der hier genannten Gruppen, wie z. B. sensales und gualcherai fehlen ganz in der folgenden Matrikel. Aber auch die Zahlen der anderen sind überraschend gering: so werden von 1383—1400 nur 16 tintores, 23 saponarii, 19 pettinagnoli et cardaioli, 22 affettatores et cimatores, 36 conciatores cardatores et purgatores, 6 rimendatores et mensuratores, aufgenommen — schwerlich alle, die damals als Arbeiter sich niederlieſsen.

[2] Lana VII, VIII und IX. Die Abänderungen sind nur ganz unbedeutend.

[3] Vgl. auch Statuta communis Florentie von 1415; (IV, 48) ita quod nullum membrum dictae artis, ut sunt tinctores et conciatores et battitores ad arcum vel camatum et tonditores boldronum et omnes qui exercent de ministerio dictae artis lanae quocumque nomine censeantur, et quilibet per se suum corpus vel collegium non audeant ordinare etc. wie 1361 (s. o. S. 81). In den Statuten vgl. vor allem VII 3 § 5 (S. 64).

Viertes Kapitel.

Zusammenfassung und Schlufs.

Der erste Eindruck, den man aus den vorausgegangenen Erörterungen empfangen haben wird, wird wohl der einer fast regellosen Mannigfaltigkeit sein, eines bunten stets sich erneuenden Wechsels, eines Durch- und Nebeneinanders der verschiedenartigsten Bildungen und Gruppen, eines Auf und Ab von bald friedlichen, bald blutigen Interessen- und Machtkämpfen, in denen der Sieg sich bald hier-, bald dorthin geneigt hat. — Wird es gelingen in dies scheinbare Chaos Sinn und Ordnung zu bringen, die versteckten Fäden auszulösen, an denen sich die einzelnen zerstreut gelagerten Bildungen zu geordneter Einheit werden zusammenfügen lassen? —

Nur vermutungsweise konnten wir die dürftigen Nachrichten, die uns vor der Mitte des 13. Jahrhunderts zur Geschichte der Florentiner Zünfte vorliegen, zu einem möglichen Bilde ihrer Entwicklung in jener Periode zusammenfassen. — Über ihren Anfängen schwebt ein undurchdringliches Dunkel: ob sie an römische Überreste oder an hofrechtliche ministeria des Bischofshofes anknüpfen, ob sie in ihren Anfängen schon genossenschaftliche Einungen freier Bürger waren, ist nicht zu entscheiden. — Gegen Ende des 12. Jahrhunderts sahen wir der Kaufmannsgilde, die durch Konsuln vertreten war, einen Gesamtverband von Handwerkerzünften gegenüberstehen, die unter der Leitung einer Siebenerbehörde im ersten Anlauf wichtige öffentliche Rechte sich erringen. — Während aber von der Kaufmannsgilde mit fortschreitender Arbeitsteilung sich eine Reihe von Einzelverbänden loslöst, die von jetzt an durch eigne Konsuln in öffentlichen Angelegenheiten der Stadt vertreten werden, bleibt der Verband der Handwerkerzünfte im wesentlichen während der ersten Hälfte des 13. Jahrhunderts unverändert: nur die Wollenzunft hat, indem die Tuchproduktion aus der kleingewerblichen Betriebsform in eine hausindustriell organisierte, dem Export dienende Manufaktur sich umbildete, in dieser Periode den Übertritt zu den kaufmännischen Gilden vollzogen.

Als dann die politische Entwicklung um die Mitte des 13. Jahrhunderts den Bürgerstand zum eigentlichen Träger der städtischen Verfassung werden liefs, hatten die genossenschaftlichen Organisationen des Kaufmannsstandes, der Ärzte und Apotheker, der Richter und Notare genügende innere Festigkeit erlangt, um als die eigentlichen Stützpunkte derselben dem Verfassungsorganismus eingegliedert werden zu können; als militärisch-politische Körperschaften bilden sie seitdem den festesten Damm gegenüber den Ansprüchen und Übergriffen der ghibellinischen Adelspartei; bald darauf geht aus ihrer Mitte der oberste Magistrat der Republik hervor. Zu gleicher Zeit aber begann die politische Entwicklung der bürgerlichen Klassen weitere Kreise zu ziehen: um 1280 wurden die reicheren und angeseheneren, 1289 die grofse Masse der Kleinhandwerker und Kleinhändler zu politisch anerkannten Genossenschaften vereint und damit zu einer, wenn auch anfangs nur in engen Grenzen sich bewegenden Teilnahme am politischen Leben berufen. Der letzte entscheidende Schlag, den das siegreiche welfische Bürgertum dann gegen den Feudaladel mit dem Erlafs der ordinamenta justiciae führte, gab auch der Zunftverfassung ihre äufseren, in der republikanischen Zeit kaum mehr erschütterten Formen: der Schwurbund der 21 politischen Zünfte hat unter geringen, bald überwundenen Störungen erst mit dem Untergang der Republik sein Ende gefunden.

Schon a priori liefse sich nun die Vermutung aufstellen, dafs den 21 politisch-militärischen Einheitskörpern, auf denen die Verfassung der Stadt nun aufgebaut ward, weder die gleiche Zahl gewerblicher Genossenschaften entsprach, noch dafs in ihnen alle Berufszweige, die damals in Florenz existierten, von Anfang an Vertretung finden konnten. Die Form war geschaffen, aber sie hatte noch keinen fest gefügten stabilen Inhalt. — Ein Blick in die Zunftmatrikeln jener Zeit zeigt uns, wie weit Arbeits- und Berufsteilung in der blühendsten Industriestadt der damaligen Welt schon entwickelt war: in hunderte von kleinen Kanälen ergofs sich das gewerbliche Leben, verbreitete sich der genossenschaftliche, organisationsbildende Geist des Mittelalters. Aber eben deshalb, wegen ihrer grofsen Zahl, ihrer relativen Kleinheit und Schwäche, waren diese untersten Zellen der gewerblichen Organisation als Fundamente der politisch-militärischen Verfassung, wie sie das Volk im Emancipationskampf gegen die aristokratisch-feudalen Gewalten zur eignen inneren Stärkung benötigte, nicht ohne weiteres zu brauchen gewesen: eine Auswahl, eine Zusammenfassung dieser kleinsten Einheiten zu politisch lebensfähigen Körperschaften mufste notwendigerweise erfolgen: hie zu den letzten entscheidenden Schritt gethan zu haben, ist die grofse That des Giano della Bella. Indem er zugleich an die Zugehörigkeit zu einer der 21 politisch anerkannten Genossenschaften die Teilnahme an allen politischen Rechten des Staatswesens knüpfte, schuf er nicht nur ein festes Band, das die 21 Einzelkörper zu verfassungsmäfsiger Einheit zusammenschmiedete, sondern er machte es auch für alle nicht in den 21 politischen Zünften beschlossenen gewerblichen Genossenschaften, wollten ihre Mitglieder nicht vom politischen Leben ganz und gar ausgeschlossen werden, zur Notwendigkeit, sich in jene 21 einzufügen, als organische Glieder in denselben aufzugehen. Verstärkt wurde diese Tendenz durch das im Erlafs der ordinamenta an alle nicht in denselben genannten Zünfte ergangene, bald nachher in die Stadtstatuten aufgenommene Verbot, sich eine feste Organisation zu geben, Konsuln und offizielle Vertreter aus ihrer Mitte zu ernennen [1], vollendet durch Vorgänge in der Steuerverfassung, die auf eine straffere Zusammenfassung der Einzelgewerbe zum Zweck einer geordneten Steuerverwaltung hinarbeiteten [2].

Nicht mit einemmal also ist der in den ordinamenta durch gesetzliche Regelung vorgeschriebene Zustand auch thatsächlich ins Leben getreten: war doch das Mittelalter ebenso rasch und heftig in seinen Forderungen, wie langsam und bedächtig in deren Ausführung. Mancherlei Unklarheiten und Widersprüche in den Urkunden der damaligen Zeit kennzeichnen deutlich den Übergangszustand, in dem sich das Florentiner Zunftwesen befindet: die definitive Überwindung aller Reibungswiderstände giebt dann wohl auch der Florentiner Zunftverfassung ihre vielgerühmte Festigkeit und Unerschütterlichkeit.

In den ersten Jahren nach Erlafs der ordinamenta konnten wir wenigstens einige Verschmelzungsprozesse sich vollziehen sehen: Leinenhändler und Trödler [3], Seidenhändler, Gewandschneider und Goldschmiede [4] wurden erst damals zu fester genossenschaftlicher Einheit zusammengefafst. Aus den Urkunden verschwinden die Namen von Zünften, die nicht in den Ordnungen der Gerechtigkeit genannt sind; in den Statuten von 1321 und 1324 werden solche an keiner Stelle erwähnt, damit wird die weitere Entwicklung ganz in den Rahmen der 21 politischen Zünfte eingespannt; ihrer Organisation und inneren Gliederung wendet sich jetzt unsere Aufmerksamkeit zu.

Erinnern wir uns, dafs genossenschaftliche Vereinigungen

---

[1] Vgl. oben S. 22.
[2] Vgl. S. 28.
[3] Vgl. S. 45 ff.
[4] Vgl. S. 62 ff.

wie die Zünfte im Mittelalter den ganzen Menschen in den verschiedenartigsten Lebensäufserungen für sich in Anspruch nahmen: sie sorgten für das irdische und himmlische Wohl ihrer Mitglieder; sie dienten der gewerblichen Selbstverwaltung; sie waren Organe der Gerichts- wie der Steuerverfassung; sie bildeten die Grundlagen der politisch-militärischen Organisation der Stadt.

Zu letzterem Zweck allein war zunächst die Verfassung der 21 Zünfte ins Leben gerufen worden. Nach aufsen, in der Gesamtverfassung der Stadt, bildeten sie ebensoviel Einheiten, die in zwei Gruppen zusammengefafst sind: zwischen diesen Gruppen, die doch durchaus nicht mit zwei getrennten gesellschaftlichen Schichten sich decken, vollzieht sich der Kampf um die Macht, um die politischen Rechte; die äufsere Gestaltung der Zunftverfassung hatte gewisse, social zu einander gehörige, eng miteinander verwandte Berufe auseinandergerissen und erwies sich im allgemeinen als stark genug, diese, wenn man will, unnatürliche Trennung dauernd aufrecht zu erhalten[1]. — Die militärische Seite der Zunftorganisation dagegen verlor mit der Zeit sehr an Bedeutung: die Kämpfe gegen den Adel waren beendet, die äufseren Kriege wurden durch fremde Söldnerscharen geführt, und nur in den Zeiten innerer socialer Kämpfe, in den Strafsentumulten des Ciompiaufstandes erschienen wohl noch einmal die einzelnen Zünfte, um ihre Fahne geschart, als geschlossene militärische Einheiten auf dem Platze.

Auch als Organe der Gerichtsverfassung fungierten die 21 Zünfte wie ebensoviele einheitliche Körper; nur in den ersten Zeiten des Übergangs finden sich vereinzelte Spuren einer eignen genossenschaftlichen Gerichtsbarkeit einzelner Zunftglieder in den Angelegenheiten ihres speciellen Gewerbes. Alle späteren Zunftstatuten schweigen über diesen Punkt: nur die Eingabe um Wiederherstellung der 21 Zünfte im Jahre 1350[2] wird mit den in der Gerichtsverfassung durch Zusammenlegung mehrerer Einzelgenossenschaften eingerissenen Mifsständen motiviert und zeigt eben dadurch, dafs in den 21 Zünften wenigstens, trotz ihrer vielfach so bunten Zu-

[1] Man ist nur zu sehr geneigt, die mittelalterlichen Verfassungen ausschliefslich auf einem Gegensatz der einzelnen Stände (Geschlechter — Kaufleute — Handwerker etc.) aufzubauen. Im späteren Mittelalter sicherlich war die Trennung keine so scharfe mehr, und es genügten oft äufsere in diesem Zusammenhang als zufällig anzusehende Umstände, um aus der einen Gruppe einen Bestandteil sich auslösen und der anderen, höheren oder niederen, anreihen zu lassen. Dafs die Kürschner in Florenz zu den höheren Zünften, die Leinwandhändler zu den niederen gehörten, hatte weder in wirtschaftlichen noch in socialen Ursachen seinen Grund!

[2] Vgl. oben 32 und Urkunde 3 im Anhang.

sammensetzung, das Gerichtswesen als einheitliche Angelegenheit der Gesamtzunft angesehen wurde.

Im Steuerwesen dagegen kommt die innere Gliederung der Zunft in doppelter Weise zur Geltung. Soweit die einzelnen Genossenschaften als Träger der von der Kommune umgelegten direkten Steuern auftreten — und nur in dem ersten Viertel des 14. Jahrhunderts ist dies, so viel ich sehe, der Fall gewesen —, erscheinen nicht sowohl die Gesamtzünfte, als deren membra als Subjekte eben dieser Steuerumlagen [1]. Und ebenso werden die Steuern für die eignen Zwecke der Zünfte fast stets nicht auf die einzelnen Zunftmitglieder, sondern auf diese membra repartiert; so schieben diese sich als Zwischeninstanzen zwischen den Einzelnen und die Gesamtzunft einerseits, die Stadt als Staatskörper andrerseits.

Dies führt uns nun hinüber zu der wichtigsten Frage: derjenigen nach der Rolle, die den „membra“ in der Verwaltung der Gesamtzunft zufiel, den Funktionen, die sie als Glieder eines gröſseren Organismus zu vollziehen hatten. Unter diesem Gesichtspunkt erscheinen sie nun in erster Linie als Wahlkörper für die Wahl der Vorsteher der Gesamtzunft, vor allem der Konsuln und ihres Beirats; jener setzt sich aus Abgeordneten der einzelnen Teilorganisationen zusammen, und in dieser seiner Zusammensetzung spiegelt sich das jeweilige, oft wechselnde Machtverhältnis zwischen den einzelnen Zunftabteilungen wieder. Sie sind dann zweitens, wie wir sahen, Organe der Steuerverwaltung, beauftragt, durch teils aus ihrer Mitte genommene, teils vom Gesamtvorstand der Zunft gewählte Beamte die Repartierung unter die einzelnen zur Steuerzahlung verpflichteten Individuen vornehmen zu lassen. — Die gewerbliche Selbstverwaltung und -polizei dagegen scheint nur in seltnen Fällen, nur in beschränktem Maſse und überhaupt nur in der ersten Periode den Organen der einzelnen membra überlassen, in der Regel durch Behörden der Gesamtzunft oder von ihnen ernannte Vertreter ausgeübt worden zu sein. Selbst in den Fällen einer gewissen Selbständigkeit der Verwaltung wird von allen Buſsen und Zahlungen die Hälfte immer an die Kasse der Gesamtzunft abgeliefert [2].

Dieser Mangel an Autonomie der einzelnen Zunftkollegien hängt nun wohl vor allem auch mit der Thatsache zusammen, daſs sie durchaus nicht immer auf dem Grunde gewerblicher Einheit, des gleichen Berufs aller der in ihnen zusammengefaſsten Individuen beruhen, daſs durch den Gegensatz zwischen gewerblicher Innung und politischer Zunft die Stellung der einzelnen membra zur Gesamtzunft keineswegs genügend charakterisiert wird. Anfangs allerdings waren die meisten der später den

---

[1] Vgl. oben 28 ff., 47, 54.
[2] Vgl. z. B. oben S. 54.

politischen Zünften eingegliederten membra wohl gewerbliche Genossenschaften gewesen; sobald sie aber in den gröſseren Gemeinschaften aufgegangen waren, gaben sie gleichsam die Verwirklichung der meisten Zwecke, denen ihre Vereinigung ursprünglich gedient hatte, an den gröſseren Organismus ab; aus Selbstverwaltungskörpern werden sie Organe gröſserer Verwaltungseinheiten, und indem dies Prinzip geordneter Verwaltung mehr und mehr für ihre Formierung und Struktur maſsgebend wird, verschwindet oft unter dem stärkeren Drucke das sie ursprünglich zusammenhaltende Band der Berufseinheit[1]. So sehen wir wohl mehrere wirtschaftlich kaum miteinander verwandte Berufe nicht nur innerhalb derselben politischen Zunft, sondern auch in ein und demselben membrum vereinigt[2], sehen andrerseits solche, die den gleichen Beruf treiben, etwa nach lokalem Einteilungsmodus über zwei verschiedene membra verteilt, um ihr wirtschaftliches Übergewicht in der Zunft dadurch auch in der Verteilung der Rechte und Ehrenstellen besser zum Ausdruck zu bringen[3]; wir sehen Bestandteile eines Zunftkollegs sich von diesem loslösen und einem andern beitreten, das ihnen in rein wirtschaftlicher Beziehung weit ferner steht als dasjenige, dem sie ursprünglich angehörten[4]. Je bunter und mannigfaltiger die Zusammensetzung einer Zunft, je heterogener die Einzelkräfte, die durch das politische Band zur Einheit zusammengefaſst waren, um so schwieriger muſste es sein, das Gleichgewicht zwischen denselben herzustellen, um so unruhiger und lebhafter bewegt muſste sich die innere Geschichte der Zünfte gestalten, so lange diese überhaupt noch lebendige Träger des politischen und gewerblichen Lebens und nicht innerlich verknöchert und abgestorben waren.

In allen diesen Verschiebungen und Wandlungen, die die Folge der geschilderten inneren Struktur der Zünfte waren, und die ich an den einzelnen Objekten in den vorangegangenen Untersuchungen nachzuweisen versuchte, lassen sich nun, so

---

[1] Es ist deshalb nicht ganz genau, wenn Pöhlmann (a. a. O. S. 48) der Ansicht ist, daſs, wer in einem membrum immatrikuliert sei, ohne weiteres zum Gewerbebetrieb aller andern der gleichen Zunft zugelassen war, falls er nur den Rest der etwa höheren Matrikel nachzahlte. Nur in seltenen Fällen ist die Matrikel nach „membri" abgestuft; in späterer Zeit, hat vor allem in der Arte di Por. San Maria eine Tendenz zur scharfen Trennung der einzelnen in ihr vereinigten Gewerbe sich geltend gemacht. Die treibenden Motive sind dabei immer rein wirtschaftlich-technische Rücksichten, und eben weil die membra in dieser Zeit nicht durchweg mit gewerblichen Einheiten zusammenfallen, hat ihr Bestehen mit diesen Fragen der organisierten Arbeitsteilung unmittelbar nichts zu thun. Näheres darüber an anderer Stelle.

[2] Vgl. oben S. 53 ff. (medici e speziali) und S. 86 ff.

[3] Vgl. oben S. 58 ff.

[4] Vgl. oben S. 53 ff. und S. 70 f.

viel ich sehe, im wesentlichen drei verschiedene Entwicklungstendenzen nachweisen, von denen die beiden ersten die natürliche, innerlich notwendige Fortsetzung der Entstehungsgeschichte der politischen Zünfte bilden, die letzte mit einer allgemeinen Entwicklungsrichtung des Jahrhunderts in engstem Zusammenhange steht.

Zunächst: die Tendenz zur Vereinheitlichung, zur Kondensation und Konzentration, die wir in den ersten Jahrzehnten des 14. Jahrhunderts in der Form der Aufsaugung kleinerer Genossenschaften durch die 21 politischen Zünfte verfolgen konnten, setzt sich nicht nur in ihren letzten Wellen über das ganze Jahrhundert fort[1], sondern verpflanzt sich auch gleichsam in das Innere der Zünfte selbst: hier nimmt sie die Gestalt einer Assimilierung von anfangs nur lose mit dem Zunftganzen verbundenen, ihm mehr als Anhang angegliederten Teilen an, so zwar, dafs diese die Reste ihrer Selbständigkeit und Selbstverwaltung mehr und mehr verlieren und statt dessen einen festen Anteil an den Rechten und Pflichten der Gesamtzunft gewinnen[2]; jedes Mittel, jede Einzelkraft wird so besser den Zwecken des Ganzen dienstbar gemacht; ein straff gegliederter Aufbau der gesamten Zunftverfassung, eine Durchdringung des ganzen Baus bis in seine entferntesten und untersten Teile mit der in dem ursprünglichen Plane liegenden Idee wird erst hierdurch recht ins Werk gesetzt. Wie von der Sonderorganisation der Flötzer in der Tischlerzunft[3] nach 1299 nicht mehr die Rede ist — sie hatten ursprünglich einen eignen Beamten an ihrer Spitze, der ihre speciellen Angelegenheiten ordnete —, so verschwinden in der Zunft der Ärzte die Kollegien der Sattler und der Maler[4], so werden die Seidenhändler allmählich ein organisches Glied in der Zunft vom Marienthore[5]; an die Stelle unregelmäfsig gestalteter Körper mit Auswüchsen und Anhängseln treten so mehr geschlossene einheitliche Formationen, in denen alle Teile nach einem Centrum, den leitenden Zunftorganen, gravitieren, das seine Strahlen gleichmäfsig nach allen Seiten hin aussendet[6].

Mit dieser ersten Tendenz der Entwicklung steht nun scheinbar eine andere im Widerspruch, welche in einer immer

[1] Vgl. z. B. oben 43, 46 ff., 53 ff.
[2] Vgl. z. B. S. 54 f.
[3] Vgl. oben S. 37 f.
[4] Vgl. oben S. 54 f.
[5] Vgl. oben S. 67 f.

[6] Am wenigsten ist dies in der Zunft der linaioli und rigattieri gelungen. Indessen ist wenigstens die Zunfteinheit auch dort seit 1340 definitiv stabiliert, und nur die Frage, ob getrennte oder einheitliche Wahlkörper für die Beamtenstellen, wurde nach vielfachem Hin und Her in ersterem Sinne entschieden.

reicheren Gliederung der Zünfte in einzelne membra, einem Auseinanderstreben in immer mehr nur durch das Zunftganze zusammengehaltene Teile sich äufsert. Indem die Zünfte mehr und mehr die Zwecke erfüllten, die ihnen die Verfassung von 1293 innerhalb des Staatsganzen zugewiesen hatte, indem sie sich langsam zu straff gegliederten, einheitlich verwalteten Organen dieser Verfassung umbildeten, wurden eben durch diesen Prozefs alle jene Kräfte frei und verwendbar, die in den ersten Zeiten der noch schwankenden Struktur durch die Reibungen und Schiebungen der vor allem wirtschaftlich selbständigen Einzelkörper verloren gegangen waren. Je mannigfaltiger und heterogener die Elemente waren, aus denen sich die einzelne politische Zunft zusammensetzte, je anorganischer — vom wirtschaftlichen Standpunkte aus — ihr Gebilde erschien, desto länger mufste es dauern, bis jener Prozefs der Assimilierung und Koordinierung zur Vollendung gelangte: am spätesten ist es daher in der Zunft vom Marienthore geschehen; erst um 1340 scheinen hier alle Teile dem Ganzen definitiv subordiniert worden zu sein.

Indem dies aber überall der Fall wurde, indem alle membra der Zunft in erster Linie zu Wahlkörpern und Verwaltungseinheiten wurden, erhielt auch die Frage der Machtverteilung unter denselben, ihrer relativen Beteiligung an Ämtern und Ehrenstellen wie an Lasten und Pflichten der Zunft ihre rechte Bedeutung. War doch nicht einmal das Eintrittsgeld in den einzelnen Zünften für alle membra einheitlich geregelt, und wurden doch schon dadurch ganze Berufe zu Mitgliedern zweiten Ranges herabgedrückt. — Je nach der socialen Zusammensetzung und der Rangstufe in der Hierarchie der Zünfte wurde nun bald der aristokratische Gesichtspunkt der socialen Geltung, bald der plutokratische des gröfsten Besitzes, bald der demokratische der gröfsten Masse, endlich der rein wirtschaftliche der Bedeutung des einzelnen Gewerbes für das ökonomische Leben der Stadt von entscheidender Wichtigkeit, häufig auch mehrere zusammen, einer den andern verstärkend, hie und da sich bekämpfend und wohl auch gegenseitig aufhebend.

Täusche ich mich aber nicht, so ist es die Entwicklung des Jahrhunderts, wenigstens bis in die beiden letzten Jahrzehnte, dafs sich eine Tendenz — und dies ist die dritte der angedeuteten Entwicklungsreihen — zu fortschreitender Demokratisierung auch innerhalb des Zunftganzen deutlich geltend macht. Man hat die gleiche Entwicklungsrichtung auch auf andern Gebieten beobachtet; in allen Ländern kommt sie zum Ausdruck; sogar dem Jahrhundert hat man wohl den Namen des „demokratischen“ gegeben. Wie weit ist man aber doch noch entfernt, für die überall auftretenden Erscheinungen gleiche Kausalreihen gefunden zu haben[1]; vielmehr ist zunächst alles örtlich bedingt: nur die grofse Pest hat ihre Wellen über die ganze damals bekannte Welt gezogen.

In doppelter Weise glaubte ich die angedeutete Entwicklungsrichtung auch in der Veränderung der inneren Struktur der Florentiner Zünfte nachweisen zu können: einmal in der Verschiebung der Machtverteilung innerhalb der Zünfte, wie sie — am deutlichsten verfolgbar in der Zunft der Ärzte und Apotheker[2] — in dem Niedersinken social höher stehender, dem Aufsteigen der nur durch ihre Masse, ihre Teilnahme am kaufmännischen Leben wirkenden unteren Schichten der Gesellschaft sich äufsert.

Weit bedeutungsvoller erscheint der zweite Vorgang: die Ausdehnung der formalen Zunftorganisation auf ganze Klassen, die durch die Formen, welche die Produktion angenommen, und welche dann auch durch Rechtsnormen gestützt worden waren, von aller aktiven Teilnahme an der Zunftverwaltung, damit aber auch am politischen Leben der Stadt ausgeschlossen waren[3]. — Es waren die hausindustriellen Arbeiter der grofsen Florentiner Tuchindustrien, die, wie sie wirtschaftlich und social von den grofsen Unternehmern und kaufmännischen Verlegern abhängig, so auch in die Zunftorganisation als völlig passive, rechtlose Elemente eingeschlossen waren. — In den Listen der Zunft wird über sie nicht Buch geführt, wie zahlreiche fluktuierende Arbeiterscharen ihnen nicht zum wenigsten einen ruhelosen, unsteten Charakter verleihen. So gelten sie auch nicht als „membra“ der Zunft; und in den Statuten ist von ihnen nur die Rede, wo es sich um Regelung der Gewerbetechnik und Arbeitsweise, um Bufsen und Strafen handelt, niemals, wo von der Verteilung von Rechten und Ämtern gesprochen wird; nur an den Lasten der Zunft haben sie teil, indem eine Quote ihres Lohnes als Steuerbeitrag bei der Lohnzahlung im Namen der Zunft vom Unternehmer eingezogen wird.

Da ist es nun das Charakteristische, dafs dieser „vierte Stand“ zweimal im Laufe des Jahrhunderts den Versuch gemacht hat, durch aktives Eintreten in die Zunftorganisation, durch Teilnahme am Zunftregiment, einerseits auf die Gestal-

[1] Mit dem Schlagwort: Aufkommen des Handwerkerstandes ist dieselbe sicher nicht abzuthun. In Florenz und Flandern sind eben die aus der Form des mittelalterlichen Handwerks herausgewachsenen hausindustriellen Arbeiter der Webeindustrie die Träger der Bewegung; dazu kommen die Bauernaufstände in Frankreich, die religiösen Wirren in England u. s. w.

[2] Vgl. oben S. 55 ff.

[3] Das Entscheidende ist, dafs sie keine Matrikel zahlen, daher gleichsam für die Buchführung über die Aktivbürger der Stadt nicht existieren.

tung der politischen Verfassung Einfluſs zu gewinnen, dann aber auch an der Regelung des Arbeitsprozesses und seiner Bedingungen selbstthätig, als geschlossene, organisierte Partei, teilzunehmen. Beide Male brachte eine günstige innerpolitische Konstellation die Bewegung zum Ausbruch: zunächst die Tyrannis des Herzogs von Athen, der sich auf den Adel und die untersten Volksmassen stützte und den kaufmännisch-gewerblichen Mittelstand zwischen beiden zu erdrücken suchte; 1378 die allgemeine Opposition gegen die Übergriffe der aristokratisch-exklusiven Welfenpartei; daher denn auch diesmal eine groſse Zahl der niederen Handwerker sich der revolutionären Bewegung anschloſs und innerhalb der durch sie geschaffenen Bildungen Platz fand.

Wie aber diese Hilfsarbeiter der groſsen Exportindustrien an sich keine homogene, auf gleicher Lebenshöhe stehende, in gleicher Lebenshaltung sich zusammenfindende Masse bildeten, sondern durch technische Qualifikation, durch Besitz oder gänzlichen Mangel an Kapitalien mannigfach unter sich differenziert erscheinen, so waren auch ihre Erfolge in den Emancipationskämpfen verschiedener Art und von verschiedener Dauer. Nur die technisch hochgeschulten, social und durch Besitz eigner Produktivkapitalien höher stehenden Färber und einige andere Berufe hatten bei der ersten Bewegung des Jahres 1343 wenigstens vorübergehende Erfolge zu erringen und dann, nach Auflösung ihrer Zunft, sich einige geringe Vorrechte auch in die alte Organisation, der sie wieder angegliedert wurden, hinüberzuretten gewuſst. — Das eigentliche Arbeiterproletariat soll zwar damals vom Herzog auch mit eigner Fahne beschenkt worden sein, ohne daſs diese aber zum Mittelpunkt einer organisierten Gemeinschaft wurde. Erst 1378 ist ihnen mit der vorübergehenden Eroberung der politischen Gewalt auch die Selbstorganisation in drei groſsen, mannigfach zusammengesetzten politischen Zünften gelungen: Straſsentumulte, die sie geschaffen, zerstörten nach zwei Monaten bereits wieder die unterste derselben, die einen rein proletarischen Charakter hatte; noch waren die besitzlosen, gänzlich undisciplinierten Massen zu geordneter Selbstverwaltung nicht herangereift. — Die beiden andern neuen Zünfte wurden dann durch die aufkeimende Reaktion der 80er Jahre hinweggefegt, aber auch hier gelang es vor allem den in den Schoſs ihrer alten Zünfte zurückkehrenden höhergestellten Arbeitern — auſser den Färbern jetzt auch den Tuchglättern, den Seidenwebern u. s. w. —, sich für kurze Zeit noch einige Zugeständnisse, eine beschränkte Teilnahme an der Zunftverwaltung, die gesetzliche Erlaubnis zum Eintritt in die Reihen der Kapitalisten zu erringen. — Es lag in den ökonomischen Zuständen der Zeit, daſs diese Zugeständnisse teils von vornherein auf dem Papier blieben, teils allmählich — und ohne eigentlich durch positive Gegenmafsregeln wieder aufgehoben zu sein — in Vergessenheit gerieten. Nach Verlauf eines Jahrhunderts ist im wesentlichen der alte Zustand der ersten Zunftstatuten wiederhergestellt [1]. Der rechtliche Abschlufs der Stände, wie er das frühere Mittelalter bezeichnet, war in der Stadt modernen Verkehrs längst durchbrochen; die ökonomische Entwicklung hatte statt dessen Schranken aufgerichtet, die kaum leichter zu durchbrechen waren.

Dies alles im einzelnen auszuführen, gehört in die Geschichte der socialen Gegensätze und Kämpfe der damaligen Zeit; genug, wenn es gelungen ist zu zeigen, wie die innere politische Entwicklung der Stadt während der geschilderten Periode sich auch in den Wandlungen, denen die innere Organisation der Zünfte unterworfen war, wiedergespiegelt, in mannigfach wechselnden Bildungen ihren Niederschlag gefunden hat. — Von diesem Standpunkt aus interessiert sie den Historiker, ermöglicht ihm, zu dem bisher bekannten Bilde der Individualgeschichte eines mittelalterlichen Gemeinwesens einige neue Züge hinzuzufügen.

Allein nicht in Florenz nur fallen die Zünfte als Organe des politischen Körpers nicht mit den gewerblichen Gemeinschaften zusammen. Fast überall, wo eine eigentliche Zunft-

---

[1] Man wird sich vielleicht wundern, dafs in den vorangegangenen Erörterungen der geselligen und religiösen Seite der Zünfte mit keinem Worte gedacht wird. In der That tritt diese gegenüber etwa den deutschen Verhältnissen in Florenz ganz zurück; in den Zunftstatuten wird ihrer kaum erwähnt. Natürlich hat es auch in Florenz viele kirchliche Bruderschaften gegeben, die auf der Gemeinsamkeit des Berufs aufgebaut waren, meist der gegenseitigen Unterstützung, der Unterhaltung eines Spitals, einer Kapelle dienen. Wir wissen von solchen der Färber (s. o. S. 79), der Maler (Arte di Medici e Speziali II Fol. 149; so viel ich sehe die einzige derartige Erwähnung in den Zunftstatuten), die eine capella di S. Luca in S. Maria Nuova unterhalten; der Wollschläger (darüber einige Aufsätze in der Rivista indipendente von 1873, die ich mir leider nicht habe verschaffen können). Für uns Deutsche von besonderem Interesse sind einige Bruderschaften deutscher Handwerker und Arbeiter in Florenz. Über die der Schuster hat Paoli (Mitteilungen des Inst. für österr. Geschichtsforsch. VIII 456 ff.) gehandelt; die Existenz einer solchen in Pisa und Lucca wird durch eine Urkunde bei Bonaini (Statuta civ. Pisae III, 1050—1052) bewiesen. Die Arbeiten Simonsfelds haben Deutsche Bruderschaften in Venedig und Treviso nachgewiesen. Auch in Rom soll es eine grofse Genossenschaft deutscher Schuster und eine solche deutscher Bäcker im 16. Jahrhundert gegeben haben (Pastor, Geschichte der Päpste I 189). Am interessantesten erscheint mir die Existenz einer Bruderschaft deutscher Weber in Florenz, deren Statuten ich unter den Urkunden der Florentiner Wollenzunft auffand; ich gedenke sie an anderer Stelle zu publizieren. Hier sei nur so viel bemerkt, dafs Organisation und Zwecke deutlich das Vorbild deutscher Gesellenbruderschaften erkennen lassen, und dafs sie im Begriff war, sich zu einer Zwangsgemeinschaft umzubilden, als die Zunft sich in's Mittel legte und sie einer strengen Kontrolle unterwarf.

verfassung in den mittelalterlichen Städten bestand — in Pisa und Mailand, in Strafsburg und Köln, in Utrecht und Groningen — hat man beobachtet, dafs mitunter die heterogensten gewerblichen Elemente unter dem Druck politischer Notwendigkeit zu einem Zunftganzen verschmolzen oder auch verschmolzen wurden[1]; dafs dann innere Zwiste zwischen den einzelnen Abteilungen der Zünfte oft zum Auseinanderfallen derselben, zu neuen, anders gestalteten Vereinigungen führten[2]. Indessen ist man dem Kausalnexus zwischen diesen Erscheinungen und den andern gleichzeitigen Ereignissen des wirtschaftlichen, socialen und politischen Lebens noch wenig nachgegangen. So erscheint dieser Wandel leicht wie etwas zufälliges, aus den Bedürfnissen des Augenblicks hervorgegangen, nicht organisch aus dem Wesen derartig zusammengesetzter Genossenschaften zu erklären.

Es liegt mir fern, die Entwicklung, wie ich sie für Florenz nachgewiesen zu haben glaube, in willkürlicher Verallgemeinerung als unter andern Verhältnissen gültig, oder auch nur als typische Erscheinung hinzustellen; zu sehr ist jene doch an den lokalen Boden geknüpft, aus den individuellen Bedingungen der Florentiner Geschichte hervorgegangen. Doch will es mir als eine dankbare Aufgabe erscheinen, das mittelalterliche Zunftwesen im allgemeinen einmal auf Grund ähnlicher Untersuchungen nach Elementen seiner Gestaltung zu durchforschen, die in den bisherigen Arbeiten noch wenig berührt sind. Von entscheidender Bedeutung wird dabei sein, inwieweit die Zünfte einer Stadt sich einer weitgehenden Autonomie erfreuten, inwieweit sie von obrigkeitlichen Gewalten abhängig und be-

---

[1] Aus der deutschen Litteratur seien hier von allgemeineren Werken genannt: Gierke, Genossenschaftsrecht I 384; Neuburg, Zunftgerichtsbarkeit und Zunftverfassung S. 185 f.; Heusler, Städtewesen S. 246 f. und 361; Hegel, Städte und Gilden passim; dann die meisten Monographien einzelner Städte oder Zünfte, in denen dieser Punkt wenigstens flüchtig berührt wird. Arnold, Verfassungsgeschichte der deutschen Freistädte II, 356 f. (über Speier); Wehrmann, Lübecker Zunftrollen, S. 57; Schmoller, Strafsburger Tucher- und Weberzunft passim; vor allem die interessanten Erörterungen bei Geering, Handel und Industrie der Stadt Basel, S. 132—136. Für Paris viel Material in dem von Depping herausgegebenen Livre des Métiers von Etienne Boileau; für Pisa: Statuta civitatis Pisae, ed Bonaini Bd. III; für Rom das grofse Werk von Rodocanacchi: Les corporations ouvrières à Rome.

[2] Die Grenze zwischen diesen zusammengesetzten Zünften und den oben als „Mercanzie" charakterisierten Zunftverbänden (S. 10 Anm. 4) dürfte nicht immer leicht zu ziehen sein. Das entscheidende ist, dafs bei den letzten die Einzelzünfte die wesentlichen Träger von Gericht und Verwaltung bleiben und nur die Erfüllung gewisser gemeinsamer Zwecke an den Verband übertragen; während bei den ersteren das umgekehrte der Fall ist, und auf den Gesamtzünften die politische Verfassung sich aufbaut. Als Analogie könnte man etwa die Begriffe: Bundesstaat und Staatenbund heranziehen.

herrscht waren. Je ausgedehnter ihre Befugnisse in Gericht und Selbstverwaltung, um so mehr mufste ihre sociale und gewerbliche Zusammensetzung von Bedeutung für ihre äufsere Verfassung geworden sein; je verschiedenartiger die Elemente, aus denen sie sich zusammensetzten, um so schwieriger war es, das innere Gleichgewicht zwischen denselben, damit eine ruhige geordnete Verwaltung zu ermöglichen. Eben weil die mittelalterlichen Zünfte — im Gegensatz zu modernen Genossenschaften — den ganzen Menschen in allen seinen Lebensäufserungen, von den niedersten des täglichen Daseins bis zu den höchsten politischen und religiösen Regungen in Anspruch nahmen, eben deshalb war in denselben, so sehr man auf die geringere Individualisierung des mittelalterlichen Menschen Wert legen mag, jene Einheitlichkeit der Zwecke nicht vorhanden, auf der das moderne Genossenschaftswesen, soweit es aus gesunden Bedingungen hervorgegangen ist, beruht. — Je reger das wirtschaftliche Leben einer Stadt sich entwickelte, je weiter die berufliche Gliederung der Bevölkerung vorschritt, je differenzierter hierdurch vor allem ihre wirtschaftlichen Interessen wurden, desto mehr strebten die durch ein politisches Band zusammengehaltenen Elemente auseinander, und es war die Frage, inwieweit an den verschiedenen Orten die Bedürfnisse einer auf wenige gröfsere Körperschaften zu stützenden Verwaltungsorganisation, die gemeinsamen politischen Interessen der einmal zu einer Einheit zusammengeschlossenen Elemente, diesen — wenn der Ausdruck erlaubt ist — destruktiven Tendenzen die Wagschale halten. Von diesem Standpunkt aus gewinnen die hier angedeuteten Fragen auch für den Sociologen, der die typischen Formen menschlichen Gemeinschaftslebens, ihre Bedingungen und wechselseitigen Beziehungen zum Ziele seiner Forschungen macht, Interesse; es ist eine Aufgabe der Zukunft, auch für solche Einzelforschung die Form der Darstellung zu finden, die dem Historiker, der auf die einzelne Entwicklungsreihe sein Augenmerk richtet, wie dem Sociologen, der das in aller Verschiedenheit von Raum und Zeit schlechterdings Typische zu erfassen sucht, in gleicher Weise die wesentlichen Momente hervorzuheben vermag.

Anhang.

Urkunde I (zum Exkurs).

Gewerbeverzeichnis der Steuerordnung vom 23. November 1316.

(Provvisioni del Consiglio Maggiore XV 20 f.)

Artes quidem, que ad dictam gabellam cogebantur seu ordinatum erat cogi pro communi florentie sunt hec.

Lateinisch.	Deutsch.
1. Ars Kallismale,	1. Händler mit französischen Tüchern,
2. „ Lane,	2. Wollengewerbe(zunft).
3. „ Por San Marie,	3. Zunft vom Marienthore,
4. „ Speziariorum,	4. Apotheker,
5. „ Medicorum,	5. Ärzte,
6. „ Pelipariorum,	6. Kürschner,
7. „ Beccariorum,	7. Fleischer,
8. „ Calzolariorum,	8. Schuster,
9. „ Fabrorum,	9. Schmiede,
10. „ Chiavaivolorum novorum et veterum,	10. Händler mit alten und neuen Schlüsseln,
11. „ Magistrorum lapidum et lignaminum,	11. Steinmetzen und Holzschnitzer,
12. „ rigatteriorum et vendentium pannos lineos,	12. Trödler und Leinwandhändler,
13. „ corazzariorum et forbitorum spadorum,	13. Harnischmacher und Schwertfeger,
14. „ galigariorum grossorum et minutorum,	14. Gerber,
15. „ fornariorum pro eorum fornis,	15. Bäcker (für ihre Backöfen),
16. „ aurificum et facientium fiascos,	16. Goldschmiede und Flaschenfertiger,
17. „ albergatorum,	17. Gastwirte,
18. „ coraczariorum sive zonariorum,	18. Harnisch- und Gürtelmacher,
19. „ scutariorum et tavolazariorum	19. Verfertiger von (Eisen- und) Holzschilden,
20. „ facientium frusta sellarum ad equitandum,	20. Verfertiger von Sattelteilen,

Lateinisch.	Deutsch.
21. Ars facientium pettinos,	21. Kammmacher,
22. „ legnaiolorum grossorum et facientium sellas mulorum et asinorum,	22. Rohtischler und Verfertiger von Sätteln für Esel u. Maulesel,
23. „ basteriorum, qui corredant sellas equorum,	23. Solche, die Packsättel verfertigen und ausrüsten,
24. „ vendentium vinum ad minutum, quantum ad gabellam, 2 d pro qualibet libra que percipitur ex venditione,	24. Weinhändler en détail (inbetr. ihrer Gebühr, von 2 d pro Lira, die beim Weinverkauf erhoben wird),
25. „ linaiolorum et vendentium aciem,	25. Leinen- und Garnhändler,
26. „ pennaiolorum et prestantium materassas,	26. Händler mit Bettfedern und Matratzenverleiher,
27. „ oliandolorum et casciavolorum et biadaiolorum et facientium ebros et stuccios,	27. Ol-, Käse- und Getreidehändler, Scheiden- und Futteralmacher (?),
28. „ cerbolactariarum (sic!) et orpellariorum,	28. Helmschmiede (?) und Messinghändler,
29. „ borsariorum,	29. Börsenhändler,
30. „ casetariorum et facientium forzerios,	30. Kasten- und Koffermacher,
31. „ vegetum et barletariorum et arcarum et madiarum,	31. Faſsbinder, Sargmacher, Backtrogmacher,
32. „ affettatorum et conciatorum pannorum franciscorum,	32. Tuchfalter und -glätter (von französischen Tüchern),
33. „ affettatorum et conciatorum pannorum florentinorum,	33. Tuchfalter und -glätter (von Florentiner Tüchern),
34. „ ervariorum,	34. Gemüsehändler,
35. „ cappellariorum et facientium berettas,	35. Hut- und Mützenmacher,
36. „ tintorum omnis generis,	36. Färber aller Art,
37. „ pictorum,	37. Maler,
38. „ scodellariorum et facientium sagittamenta et torniariorum et filatoriariorum,	38. Schüsseler, Pfeilmacher, Drechsler, Fertiger von Spinnrädern,
39. „ barbitonsorum,	39. Barbiere,
40. „ facientium vasa vitrea vel vendentium,	40. Verfertiger und Verkäufer gläserner Gefäſse,
41. „ chuffiariolorum et facientium agras et sagraffas,	41. Verfertiger von Pickelhauben, Spangen und Agraffen,
42. „ pergamenariorum et ligantium libros,	42. Pergamenthändler und Buchbinder,
43. „ sartorum et sutricum et remendatorum,	43. Schneider, Näherinnen und Flicker,
44. „ vaginariorum et facientium pennifera,	44. Scheiden- und Köcher(?)macher, (oder Vasenmacher) (?),
45. „ ponderatorum communis,	45. Wägemeister der Kommune,
46. „ legatorum et allegatorum salmarum,	46. Ballenbinder,
47. „ dadaivolorum,	47. Würfelmacher,
48. „ piscatorum piscantium in flumine communis,	48. Fischer (die im Stadtflusse fischen),
49. „ fornaciariorum mactonum, calcine et vasarum de terra	49. Ziegel- und Kalkbrenner, Verfertiger irdener Gefäſse,
50. „ facientium vasa vitrea in comitatu,	50. Fertiger von Glasgefäſsen auf dem Lande,
51. „ prestantium roncinos ad vetturam,	51. Verleiher von Maultieren zur Wagenbespannung,

Lateinisch.	Deutsch.
52. Ars sensalium omnis operis,	52. Sensale aller Art,
53. „ balistariorum et facientium arcus et sagipulos,	53. Armbrust- und Bogenmacher,
54. „ facientum panerios,	54. Korbmacher,
55. „ chocorum, ventraivolorum, facientium fabas coctas, infrantas et ligumen, et vermicellos et farfalucas sive caldas.	55. Köche, Verkäufer von Kaldaunen, gekochten und gepreſsten (? oder ganzen) Bohnen, Gemüse, Nudeln etc.,
56. „ sevaivolorum et facientium minugias,	56. Talghändler und Darmsaitenmacher (oder Verkäufer von Därmen, Eingeweiden etc.)[1],
57. „ caratorum grossorum,	57. (Wagner? oder) Fuhrleute
58. „ asinariorum, portantium arenam, calcinam, calcinaccia, mattones, tegulos, lastras et petras et pilastrellas,	58. Eseltreiber, Sand-, Kalk-, Mörtel-, Pflasterstein-, Ziegel-, Quadern- und Steinträger,
59. „ tenentium stuffas,	59. Inhaber von Badstuben,
60. „ portatorum ad cercinum,	60. Lastträger (mit dem Tragkissen),
61. „ magistrorum grammatice et abaci et docentium legere et scribere pueros,	61. Grammatik-, Rechen-, Lese- u. Schreiblehrer,
62. „ cridantium res admissas,	62. Ausrufer verlorener Gegenstände,
63. „ iudicum et notariorum,	63. Richter und Notare
64. „ campsorum,	64. Wechsler,
65. „ eorum qui vacuant neccia et puteos aquarum,	65. Gruben- und Brunnenleerer,
66. „ tesitorum sive telariorum omnis generis,	66. Weber aller Art,
67. „ sive ministerium factorum et discipulorum cum mercatoribus mercantiarum,	67. Gewerbe oder Beruf der Gehilfen und Lehrlinge bei den Warenhändlern,
68. „ sive ministerium affinatorum et laboratorum ad fornellum et monetariorum et remettitorum auri et argenti et sagiatorum cuiuslibet officialis intromittentis se de opere monete	68. Gewerbe oder Amt der Schmelzer und Arbeiter am Schmelzofen, Münzer; sowie derjenigen, die Gold und Silber in den Schmelzofen thun; ferner der Probierer bei allen Münzbeamten,
69. „ facientium campanas,	69. Glockengieſser,
70. „ facientium rotas,	70. Radmacher,
71. „ illorum qui faciunt molas sive maccinas,	71. Mühlsteinmacher,
72. „ cavantium lapidos et vendentium in cavis,	72. Arbeiter in den Steinbrüchen und Verkäufer daselbst,
73. „ cavantium laminas et macigna,	73. Arbeiter in Marmor- und Sandsteinbrüchen.

Auch dies Verzeichnis ist schwerlich ein vollständiges Gewerbeverzeichnis. Einige wichtige Berufsarten (z. B. die Gärtner) fehlen ganz, wohl, weil sie groſsenteils im Privatdienst stehen. Die Zusammenfassung mehrerer Gewerbe unter e i n e r Nummer erklärt sich wohl daher, daſs die „gabellae“ einzeln versteigert

[1] Wie man sie noch viel in Italien auf den Straſsen sieht.

wurden und es oft nötig war, diejenigen mehrerer gleichartiger Gewerbe zusammenzulegen und an einen Pächter zu vergeben. Die artes maiores übernehmen ihre Steuern wohl alle in Selbstpacht (darüber finden sich in der Verordnung einige Bestimmungen), aber nur insoweit es die Besteuerung der eigentlich aktiven Zunftmitglieder betraf; daher erscheinen neben der Ars Kallismale, Lane etc. noch eigens aufgeführt die tintores, tessitores etc.

Eigentümlich ist es dem Verzeichnis auch, dafs es Gewerbe umfafst, die nur aufserhalb der Stadt betrieben werden konnten (Nr. 50, 72, 73).

Urkunde II (zum Exkurs).

Einschätzung der einzelnen Artes für das am 1. Februar 1321 (1320 stilo fior.) beginnende neue Steuerjahr.

(Provvisioni del Consiglio Maggiore XVII. 63.)

(Die Namen finden sich fast sämtlich in der vorhergehenden Liste daher hier nur die lateinische Bezeichnung gegeben wird.)

	fl.	lbr.		fl.	lbr.
1. Mercatores Kallismale	700		21. Balisterii		17
2. Mercatores Lane .	4300		22. Beccarii	667	
3. Campsores . . .	250		23. Pictores	17	
4. Medici et Speziarii	750		24. Galigarii		293
5. Mercatores Por S. Marie	850		25. Sellarii		37
6. Iudices et Notarii .	200		26. Vinattieri		467
7. Pelliparii	150		27. Pergamenarii . .		$58\frac{1}{2}$
8. Tavolaciarii . . .		42	28. Prestatores ronzinorum		67
9. Bastiarii		39	29. Barbitonsores . .		103
10. Sevaivoli		42	30. Sartores		203
11. Oliandoli		1433	31. Fabri		800
12. Albergatores . . .		1200	32. Fornaciarii . . .		350
13. Cuffiarii	$3\frac{3}{4}$		33. Fornai		272
14. Legnaioli		367	34. Dadaivoli	$2\frac{2}{3}$	
15. Corregiarii . . .		95	35. Calzolarii		1077
16. Ferraioli novi et veteres	167		36. Corazzarii et Forbitores		?
17. Pennaioli et Linaioli		284	36. Scodellarii . . .		84
18. Magistri lapidum et lignaminum .	177		38. Bottarii	67	
19. Borsarii		57	39. Guainarii et Fiascarii		33
20. Aurifices		333	40. Riggattieri et Pannilini		600
				$8300\frac{1}{2}$	$8353\frac{1}{2}$

Die Steuersumme der Corazzarii et Forbitores ist in der Liste nicht angegeben. Der Goldgulden verhält sich damals zur Lira etwa, wie 3 : 1 (Pagnini, Della decima I, Tavola IV), sodafs die Gesamtsumme etwa 32260 l. beträgt.

Später scheint man von der Besteuerung der Zünfte im allgemeinen Abstand genommen zu haben; statt dessen wurden bei den grofsen Handelszünften Anleihen aufgenommen (so z. B. 20000 fl. im Jahre 1325) und im übrigen nahm die Besteuerung mehr die Form von Verbrauchsabgaben, Platz- und Marktgebühren etc. an.

Interessant ist diese Liste vor allem, weil sie uns einen Einblick gewährt in die Verteilung des Reichtums unter die einzelnen Zünfte. Die Wollenzunft steht weitaus an der Spitze, sowohl durch Zahl, als durch Reichtum ihrer Mitglieder; die Calimala verdankt ihre relativ hohe Summe nur der durchschnittlichen Wohlhabenheit, dagegen z. B. oliandoli oder beccarii nur der grofsen Zahl ihrer Zunftangehörigen.

Urkunde III (zu Seite 30 f.).

Petition der Schlüsselmacher u. s. w. um Wiederherstellung der 21 Zünfte. 20. September 1350.

(Provvisioni del consiglio maggiore 39, 127.)

Magnifici et Potentes viri domini Priores Artium et vexillifer Iustitie popoli et communis florentie actendentes istam petitionem coram eis oblatam cuius tenor talis est.

Petitio.

Coram vobis dominis Prioribus Artium et vexillifero Iustitie civitatis florentie narratur pro parte consulum Artis chiavaiolorum, ferraiolorum novorum et veterum et calderaiorum et consulum calzolariorum et aliorum membrorum ad dictas artes et quamlibet earum spectantium et consulum lignaiolorum grossorum et cassettariorum, quod sic vostre bone memorie notum esse debet, Artes civitatis florentie longo tempore steterunt 21, et quod postea per commune florentie provisum fuit, quod dicte artes reducerentur ad numerum 14, reducendo plures de dictis artibus ad unam, credentes utile ac commodum communis et artificum facere. Et quod in consulatibus intervenerunt homines plurium membrorum et non concordant in iure reddendo nec ad alia utilia artium et artificum intercedunt non ad communem utilitatem artium et artificum, (sic!) sed quilibet ad utilitatem artis, pro cuius membro vices gerit. Et pluria scandala iam orta sunt et oriri possunt inter artifices, nisi vero salubri medio circa hec provideatur. Quare cum presentialiter indigeatur provideri cura insacationis consulum artium fiendi vobis humiliter supplicatur, quatenus vobis placeat, una cum officio duodecim bonorum virorum deliberare et per solempnia et opportuna consilia populi et communis florentie stantiare et firmare:

„quod in postea ipse artes pro bono et utilitate Artium et artificum reducantur ad statum et regimen pristinum et numerum predictum 21 artium ad hoc ut rector et consules eorundem sint uniti et non divisi in regendo et gubernando artes et artifices suos et ut omnis materia divisionis et scandali tollatur. — Cum officio, iurisdictione, auctoritate et balia in statutis talium artium seu artis continentis (sic!) et approbandis secundum formam statutorum communis florentie et ut in statuto ordinamentis, reformationibus et provisionibus communis florentie continetur.

Der Petition wird von den Prioren in allen ihren Forderungen Folge gegeben.

Urkunde IV (zu Seite 52 f.).

Aus einer Petition der Merciai, betreffend ihre Stellung in der Zunft der Medici e Speziali.

(Provvisioni del consiglio Maggiore 6, 139 Nov. 1296.)

Spinellus Jacobi et Zuccherus Balducci, sindici et procuratores Artis et Universitatis Merciariorum exponunt . . . . .

„quod ipsa Ars et homines dicte Artis habuerunt societatem cum Arte et consulibus et hominibus Artis medicorum et speziariorum quantum ad vexillum ex eo, quod dicte Artes sunt et fuerunt sub uno et eodem vexillo deputato per commune florentie et quod Rectores artis medicorum et speziariorum et ipsa ars temporibus preteritis compulerunt Rectores et homines dicte Artis merciariorum et ipsam Artem ad dandum et solvendum medietatem pretii et expensarum vexilli predicti. Et quod nullo tempore ipsum vexillum fuit datum alicui de Arte merciariorum predicta . . . . .

suplicant vobis predicti Sindici sindicatus nomine ut supra, quantum placeat vobis taliter ordinare, providere etc. . . . quod dictum vexillum pro futuro tempore equaliter detur et concedatur inter ipsas artes et homines dictarum artium prout et sicut et eodem modo et forma, qua fecerunt et faciunt expensas in vexillo predicto. Etiam circa alia que spectant ad statum dictarum Artium tam circa offitia communis quam circa alia, que videbuntur vobis convenientia et decentia in predictis . . . ."

Die Prioren beschließen „considerato quod in predicta Arte merciariorum sunt homines in magna quantitate, qui sunt divites honorabiles et ydonei ad predicta et considerato quod ad constitutionem status florentini popoli non modicum confert, quod inter popolares et maxime artifices equalitas observetur . . . .

quod pro anno et in anno proxime venturo detur vexillum predictarum artium videlicet medicorum, speziariornm et merciariorum uni probo viro de arte merciariorum, dummodo sit homo fidelis S[e] Ecclesie. Et etiam detur et assignetur in futurum sicut contigerit vid. quod uno anno detur medicis et alio anno spetiariis et tertio anno merciariis et sic observetur et fiat singulis annis. Et quod unus de consulibus artis merciariorum vadat et ire debeat deinceps ad consilia populi et communis florentini una cum tribus ex consulibus medicorum et spetiariorum."

Die medici und speziali beruhigen sich indessen nicht bei diesem Bescheid, sondern legen dagegen bei dem iudex appellationum Berufung ein; darauf wird den Prioren und dem Bannerträger (8. II. 1297. Prov. 7, 76) Befugnis erteilt, in dem Streit zwischen der ars et universitas medicorum et speziariorum, und der ars et universitas merciariorum definitiv zu entscheiden. Der Ausfall dieses Schieds bleibt unbekannt.

Urkunde V (zu Seite 86 f.).

Aus den

Verhandlungen der Arte della Lana mit der Arte dei Tintori vom Januar 1382.

(Arte di Lana, delib. 46, 130 f.)

„Consules .... considerantes complures varias et diversas lites, questiones, controversias et differentias fuisse exortas intra dictam artem lane eiusque artifices et suppositos ex una parte et artem tintorum et aliorum membrorum ad ipsam artem pertinentium seu annexorum eiusque artifices et suppositos ex altera parte, occasione et causa mercantiarum et rerum et laboreriorum et ministeriorum, que venduntur et fiunt per artifices et suppositos dicte artis tintorum artificibus et suppositis dicte artis lane et pretiorum earum mercantiarum et rerum et laboreriorum et ministeriorum dependentium a quaque ab eis et quando super predictis per infrascriptos artifices dicte artis lane pro parte ipsius artis et de mandato magnificorum dominorum virorum dominorum priorum artium et vexilliferi iustitie ..... florentie in palatio populi florentini cum arteficibus et suppositis dicte artis tintorum longa pratica tenuta fuit coram commissariis .... per dictos dominos priores et vexilliferum super predictis specialiter deputatis" .....

wählen quattuor lanifices als officiales über diesen Streitfall mit Generalvollmacht für die Wollenzunft. Sie sollen mit den Färbern ausmachen: „Quibus modis et formis, pretiis et terminis, et prout, quotiens et quemadmodum mercantie et res nec et laboreria et manufacturae et alia exercitia vel ministeria que venduntur et traduntur seu fiunt et exercentur et seu vendi et tradi, fieri vel exerceri consuetum est .... quomodo per artifices et suppositos dicte artis tintorum et seu cuiuscumque membri artis predicte et arteficibus et suppositis dicte artis lane et seu insuper quibuscumque lanis, mercanziis et pretiis predictorum arteficum et suppositorum artis lane venduntur et emuntur et recipiuntur". Ebenso sollen alle anderen Streitigkeiten zwischen beiden Zünften geschlichtet werden.

Vgl. auch Prov. 70, 227 (24. I. 1381).

Considerantes (sc. Priores) quoddam laudum latum per eos et eorum collegia hoc presenti die inter artem lane ex parte una et artem tintorum et aliorum membrorum ipsius artis ex alia . . . . et quod intentionis ipsorum fuit et est, quod exinde nulla gabella solveretur ullo modo communi predicto . . . . bestimmen quod occasione dicti laudi nulla gabella solveretur.

Urkunde VI (zu Seite 137 f.).

a. Aufnahme der „Suppositi" als „Membra" in die Wollenzunft 1382.

(Arte di Lana, deliberationes 46, 143 f.)

1) 31. März.

„Imprimis considerantes quod secundum formam statutorum et ordinum dicte artis et secundum consuetudinem hactenus observatam pro arte predicta habite fuerunt et habentur duo matricule, una videlicet in qua scribuntur et scribi possunt et debent lanifices et artifices dicte artis qui principaliter et realiter exercent seu exercere possunt dictam artem lane faciendo pannos tamquam lanifices et artifices dicte artis. Alia vero in qua scribuntur et scribi possunt facientes et exercentes de membris dicte artis in statutis et ordinibus dicte artis nominatis, que communiter appellatur matricula membrorum artis lane. Et quia maxime propter saepedictas novitates existentes in dicta civitate florentina necesse et utile est dicte arti unam aliam matriculam facere et habere pro arte predicta de aliis suppositis dicte artis . . . . ordinaverunt (sc. consules).

Quod ultra predictas duas matriculas consuetas pro arte predicta habeatur et fiat et fieri et haberi et teneri possit una alia matricula que appellatur matricula suppositorum artis lane. In qua quidem matricula describantur omnes et singuli factores et discipuli lanificum dicte artis necon omnes et singuli pettinatores, scardassieri, vergheggiatores, carminatores, sceglitores, riveditores, dezoccolatores, divettini, appenechini et factores seu capud et magistri sopra i lavoranti et texitores pannorum de lana tam cives comitatini seu districtuales quam etiam forenses in dicta civitate vel comitatu florentino quolibet facientes seu exercentes de predictis ministeriis artis lane supra nominatis vel aliquo seu aliquibus eorundem ac omnes et singuli alii de civitate comitatu et districtu florentino, qui a chalendis mensis Januarii prossimi preteriti citra sponte se supposuerunt dicte arti lane et iuraverunt dicte arti de stando et parendo mandatis consulum artis predictorum pro tempore existentium et statuta et ordinamenta dicte artis inviolabiliter observando et seu qui in posterum similiter se supponent et iurabunt dicte arti lane. Et quod omnes et singuli, qui, ut dictum est, se supposuerunt et iuraverunt seu se supponent et iurabunt arti predicte, recipiantur et admittantur et recepti et admissi essere intelligantur et sint suppositi et pro suppositis dicte artis lane". Sie sollen von einem Notar in die Matrikel eingetragen werden und die Lasten der Zunft mittragen helfen. Dann heifst es:

Item providerunt . . . . . „quod omnes et singuli de civitate comitatu et districtu florentino[1] qui vere et realiter steterunt et serviverunt seu stabunt et servient ad dictam artem lane tamquam factores seu discipuli lanificum dicte artis in civitate florentina per quinque annos stando ad salarium cum publicis lanificibus et arteficibus dicte artis ut moris est de factoribus et discipulis dicte artis, et omnes et singuli pettinatores, scardassieri, vergheggiatores, sceglitores, riveditores, dezoccolatores, divettini, apennechini, factores seu caput magistri sopra i lavoranti e texitores pannorum de lana de dicta civitate, comitatu seu districtu florentie, qui in dicta civitate florentie laboraverint seu fecerint vel exercuerint cum lanificibus et artificibus dicte artis de predictis ministeriis dicte artis vel aliquo seu aliquibus eorundem per quinque annos. Qui voluerint seu petierint se recipi et admicti et matriculari et describi in matricula dicte artis facta primo fede legitima per sex testes ydeneos de predictis et approbati per officium consulum dicte artis . . . . possint et debeant dare et solvere pro sua entratura ad artem predictam lbr. 12 s. 10 ad. fl. et facta huiusmodi fide et solutione recipi et admitti possunt et debent per consules dicte artis . . . . ad dictam artem lane tamquam[2] lanifices et artifices."

---

b. Zugeständnis der Ämterbesetzung an die neuen membra.

(ibid. 135.)

„Item considerantes reductionem factam pro communi florentie de mense Ianuarii prossimi preteriti ad dictam et sub dicta arte lane de membris dicte artis, que olim de mense Mai vel ante erant suppositi arti predicte. Et provisione facta de duobus consulibus ex dictis et de dictis et predictis membris additis dicte

---

[1] Die oben erwähnten „fremden Weber" scheinen also von diesem Vorrecht ausgeschlossen.

[2] tamquam bedeutet in den Gewerbsurkunden der damaligen Zeit stets „in der Stellung als . . . ."

arti lane prout provisum super his per dictum commune florentie. Et licet per dictum commune florentie provisum non fuit nisi de dictis duobus consulibus ex dictis membris habendis et ipsa ars lane non teneatur . . . . de membris predictis admittere ad alia offitia dicte artis, nichilominus ex pura et vera liberalitate dicte artis lane predicte de membris predictis amore fraterno totaliter amplexentes volentes eos admittere ad alia offitia dicte artis" . . . . bestimmen die Konsuln.

1) Statt 40 sollen von jetzt an 50 consiliarii in der Zunft sein, und zwar sollen vom nächsten April an 10 den „arti minori" entnommen werden. Die Wahl durch scruttinium und Los erfolgt in der gleichen Weise wie die der übrigen consiliarii.

2) Die „Membra minora" können ebenso zu folgenden Ämtern zugelassen werden: 1) operarii operis Sae Riparatae (Dombaukommission), 2) camerarius operis und artis (den Finanzbeamten dieser Kommission und denen der Zunft); indessen mit der Beschränkung, dafs die Konsuln solche auswählen sollen, die sie dafür geeignet halten. 3) Von den 4 Kämmerern soll immer einer aus den membra minora sein.

Pierer'sche Hofbuchdruckerei Stephan Geibel & Co. in Altenburg.

FSC
www.fsc.org
MIX
Papier | Fördert gute Waldnutzung
FSC® C083411

Kolibri 360 GmbH
Ferdinand-Jühlke-Straße 7
99095 Erfurt, Deutschland
produktsicherheit@kolibri360.de

Druck:
CPI Druckdienstleistungen GmbH
im Auftrag der
Kolibri 360 GmbH
Ferdinand-Jühlke-Str. 7
99095 Erfurt